Vivre au-delà de nos croyances

Catalogage avant publication de Bibliothèque et Archives nationales du Québec et Bibliothèque et Archives Canada

Titre: Vivre au-delà de nos croyances / Catherine Martin.

Noms: Martin, Catherine, 1968- auteur.

Identifiants: Canadiana 20200089293 | ISBN 9782897883928 (couverture souple)

Vedettes-matière: RVM: Spiritualité.

Classification: LCC BL624.M37 2020 | CDD 204—dc23

Avec la participation financière du gouvernement du Canada. Canada

Nous remercions la Société de développement des entreprises culturelles du Québec (SODEC) pour son appui à notre programme de publication.

Gouvernement du Québec - Programme de crédit d'impôt pour l'édition de livres - Gestion SODEC.

Infographie de la couverture et mise en pages : Marjorie Patry
Correction d'épreuves : Lorraine Longtin

Éditeur : Les Éditions Le Dauphin Blanc inc.
Complexe Lebourgneuf, bureau 125
825, boulevard Lebourgneuf
Québec (Québec) G2J 0B9 CANADA
Tél. : 418 845-4045 Téléc. : 418 845-1933
Courriel : info@dauphinblanc.com
Site web : www.dauphinblanc.com

ISBN version papier : 978-2-89788-392-8
ISBN version numérique epdf : 978-2-89788-393-5
ISBN version numérique epub : 978-2-89788-394-2

Dépôt légal : 4e trimestre 2020
Bibliothèque nationale du Québec
Bibliothèque et Archives Canada

Données de catalogage disponibles auprès de Bibliothèque et Archives nationales du Québec.

Imprimé au Canada

Catherine Martin

Vivre au-delà de nos croyances

Éditions Le Dauphin Blanc

Aux croyants et non-croyants,
Aux athées,
Aux agnostiques,
Aux « cherchants » et aux chercheurs...

Nous sommes tous en chemin.

Table des matières

Préface

En ouvrant les portes de ce merveilleux livre, je me sens habité d'un doux et divin mélange : je suis à la fois heureux, choyé, ému et privilégié.

Merci à l'âme de la vie de m'offrir de rencontrer, sur mon chemin, des êtres de lumière comme notre belle âmie, Catherine Martin.

Merci à la Terre, à sa douce maman, à tous les êtres qui l'ont portée et à tous les relais d'aujourd'hui qui continuent à en prendre soin ici-bas, là-haut.

Merci à vous, chers lecteurs, tout en cœur et conscience.

Merci de tenir dans vos douces mains cet ouvrage habité par la puissance douce, la force des cœurs purs... *Vivre au-delà de nos croyances* est un livre profondément spirituel dans le sens où il dispose notre esprit à se relier à l'esprit universel. Il est sacré puisqu'il est au service de notre consécration en nous invitant à toucher, vivre dès maintenant dans notre essence.

Comme son auteure, *Vivre au-delà de nos croyances* soigne.

Soigner, Soigner, Soigner... Que ce soit au café, dans un livre, en consultation et même en salle d'attente, « Cathy » ne sait faire « que ça ». Il est un « livre soignant » puisqu'il lève les barrages empêchant de faire circuler la Vie, le sacré en nous.

Il est soignant, en nous remplissant du substrat à l'origine de tout : l'Amour. Au fil des pages, Tout cela devient possible par la grâce de son âme. En venant à nous, le cœur à nu avec tout son amour, en livrant, elle nous délivre.

Elle nous offre la grâce de retrouver la connexion perdue pour vivre au-delà de ce en quoi nous croyons, au-delà de ce que nous croyons être. Oui, nous sommes tellement plus. Oui nous venons de si haut et de si loin… L'avions-nous peut-être juste oublié ?

Il faut dire que l'organe cœur a sacrément été profané ces temps derniers. Tant de nos frères humains ont été comme amputés de l'essentiel. Et jusqu'à aujourd'hui, je n'ai jamais vu un oiseau voler avec une seule aile ni une fleur s'épanouir sans le soleil.

Mais grâce à la puissance de la source, grâce à ces livres des temps nouveaux, grâce à vous les étoilés, la rivière d'amour coule à nouveau sans fin, irriguant les terres du féminin et du masculin.

Enfin, si nous avons tous des aptitudes différentes, si certains de nos proches ont peut-être, de manière générale, plus de facilités, Là où nous sommes tous égaux : c'est dans notre devoir à être bons.

Ce livre remplit la mission. Il est un livre empli de bonté, un livre bon, un bon livre et même un très bon livre.

Catherine est notre âmie : « Les amis de nos amis sont nos amis ».

Dès lors, bonne lecture dans vos cœurs, mes âmis.

Que le meilleur soit!

Avec amour.

François Bonnal

Ostéopathe
Auteur de *Se reconnecter à son âme* - Éditions Trajectoire - 2019 et Co-auteur avec Bernard Darraillans de *Les 7 cerveaux de notre corps* - Éditions Dangles - 2018

Avant-propos

Je suis ravie de vous retrouver pour une nouvelle aventure. C'est toujours une joie de partager, de redistribuer ce qui se loge au plus profond de moi.

Quel challenge je me suis mis là ! Celui d'écrire un livre sur les croyances et vu le contexte dans lequel nous sommes, cela me semble bien délicat. Le cœur étant plus fort que la raison, je me lance.

Je vais devoir affronter mes peurs pour faire au mieux et vous livrer ma connaissance acquise par les expériences, le vécu. Tout bouge et tout est en mouvance. Je vais donc m'abandonner à ce mouvement de vie pour vous entraîner dans une danse qui pourra paraître enivrante à certains moments. Alors, n'hésitez pas à vous poser pour respirer et intégrer afin de tracer ensemble de nouveaux pas.

Rien n'est figé, tout est en perpétuel mouvement – les minutes, les heures, les jours, les semaines, les mois, les années… L'horloge du temps avance; nous grandissons et vieillissons. Des prises de conscience se font avec le temps, et nous pouvons remettre en question des fondamentaux qui nous ont servis un certain temps, mais ne sont plus valables suite à une ou des remises en question concernant un événement, une blessure ou une épreuve…

L'évolution, c'est prendre conscience de nos schémas de fonctionnement et ne pas hésiter à les regarder en face au lieu de les fuir; c'est apprendre à faire le tri :

- qu'est-ce que je garde ?
- qu'est-ce que je laisse ?
- qu'est-ce que je mets de côté, car je ne sais pas pour l'instant ?

Comme un **tri sélectif** (système de nos ordures ménagères), afin de dépolluer le champ de notre conscience pour ne pas l'encombrer de choses inutiles souvent nuisibles à notre cheminement.

L'idée ne nous traverserait pas l'esprit d'essayer de mettre une vieille paire de chaussures ou un pantalon que nous portions, enfant. Qu'est-ce qu'on en fait ? À qui cela peut-il servir ? Ou à quoi ? Il en est de même pour nos croyances. À nous de faire ce travail, **en conscience**, pour ressentir ce que nous gardons et qui est utile, ce que nous mettons de côté, étant encore incertains de son utilité, et ce que nous jetons, puisque cela est devenu trop lourd et encombrant dans notre vie.

Seul notre discernement (équilibre des deux cerveaux) doit rentrer **en jeu** (« **en je** », « **ange** »), un véritable **enjeu** et non celui de quelqu'un d'autre. Cela ramène à notre propre responsabilité de faire un choix pour soi et uniquement pour soi.

PREMIÈRE PARTIE

Qu'est-ce qu'une croyance?

À l'évocation du mot « croyance », la plupart des gens vont penser « religion ». Et vous ? Quel mot vous vient spontanément au début de la lecture de ce livre ? Je vous invite à le noter ici :

Les croyances viennent souvent de l'extérieur, de ce qui nous entoure (paroles, environnement), mais aussi de nos observations et expériences que nous encodons dans nos cellules à l'instant «T ». Si je parle en termes d'éducation parentale, nos parents pensent faire au mieux, donc pas de jugement. Lorsque nous ne sommes pas satisfaits de leurs réponses, nous commençons à nous poser des questions, à nous éveiller à autre chose et à ce moment-là, sans le savoir, à ouvrir les fenêtres de notre conscience.

Exemple : Quand j'étais petite, je voyais mon père faire le signe de croix sur le pain avant de l'entamer. J'observais son geste chaque fois que je le pouvais et un beau jour, mon père nous dit qu'il était athée. Entre-temps, j'ai grandi et j'ai pu faire le lien entre « faire un signe de croix sur le pain » et « être athée ». Ma déduction : ce n'était pas très cohérent. J'ai « **vu** » mon père faire le signe de croix sur le pain et « **entendu** » qu'il était athée. Mon grand-père paternel faisait le signe de croix sur le pain, donc mon père a reproduit ce geste, mais la nuance c'est que mon grand-père n'était pas athée; il était croyant.

Cette croyance est donc extérieure à moi et n'est pas fondamentalement moi. Est-ce que je la garde ou est-ce que je la laisse (tri sélectif)? Si elle correspond à ce que je suis, je la garde; si elle ne m'est pas utile, je la laisse. C'est un peu l'exercice du «pour» et du «contre» en ayant la pleine conscience :

« Est-ce utile à mon évolution? »

En voilà une bonne question!

Et vous voyez bien qu'il ne s'agit que de vous et que personne d'autre ne peut y répondre.

En clair, les croyances sont ce que j'ai vu et entendu à un moment donné. Je dois apprendre à discerner si elles me conviennent et me sont utiles, si elles correspondent à ce que je suis. Je peux aussi les garder un certain temps en ayant la conscience qu'à tout moment, je peux m'en débarrasser si elles deviennent un fardeau.

Si nous voulons une société de personnes « respons-**ables**», c'est-à-dire habilitées à recevoir des réponses, eh bien commençons à écouter nos besoins profonds. Il en est de notre responsabilité.

Exemple : De 11 à 15 ans, le professeur de mathématique me demandait à la fin du cours si j'avais bien compris la leçon. Si je répondais «oui», il disait : «Si Catherine a compris, alors toute la classe a compris.» Et quand je répondais «non», il répétait cette phrase : «Vous finirez par garder des chèvres dans la montagne.» Étant dotée d'un bon sens de la répartie, je lui répondais «qu'il n'y avait pas de sots métiers et que la compagnie des chèvres m'épargnerait probablement la «bêtise» humaine».

Ce professeur «croyait» que si j'avais compris la leçon, toute la classe avait compris. C'était là sa propre croyance et non celle de toute la classe et petit à petit, certains élèves qui se moquaient de moi au départ se demandaient comment j'arrivais à surmonter cette humiliation. Avec le temps, en observant, certains faisaient des prises de conscience et agissaient autrement à mon égard.

Comme pour toutes les croyances, soit je suis un mouton (je suis un mouvement et/ou un groupe) soit je reste une brebis égarée (même si souvent cela fait souffrir).

Dans ce cas, on peut constater qu'une « croyance » individuelle peut entraîner une « croyance » collective.

Si personnellement j'avais cru à 100 % à ce que ce professeur disait, à votre avis, que serais-je devenue ? Faites appel à votre ressenti qui, bien sûr, sera différent selon votre état émotionnel du moment ou vos croyances.

Ne laissez personne vous faire croire que vous êtes ceci ou cela. Prenez votre vie en main et agissez. Ainsi, vous vous débarrasserez beaucoup plus vite des « croyances » qu'on a essayé de vous inculquer et qui, bien souvent, ne sont pas vôtres.

Je crois (Croire)
Je croîs (Croître)

Dans mon premier livre Être soi, source de joie (page 97), je vous avais parlé de la croix de la croyance (entre autre catholique) et de la croix de l'axe (schéma ci-dessous). Il s'est avéré que j'avais trouvé un point commun entre les verbes (suivre et être) quand ils sont conjugués à la première personne du présent de l'indicatif (puisqu'il s'agit de « je », donc « moi »).

La croix de la croyance

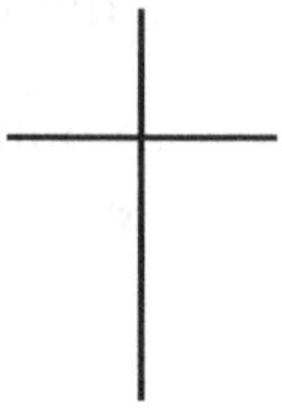

Je suis (SUIVRE)

La croix de l'axe

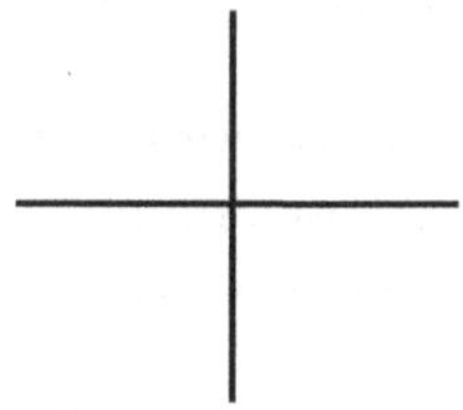

Je suis (ÊTRE)

Au passage, je vous rappelle que l'anagramme de « suivre » est « survie ».

Après avoir parcouru le fameux livre de conjugaison *Le Bescherelle*, je me suis aperçue qu'il y avait un nouveau dénominateur commun entre deux autres verbes (croire et croître) quand nous les conjuguons à la première personne du présent de l'indicatif, à savoir :

Je crois (Croire)
Je croîs (Croître)

Vous imaginez bien que cela a attiré mon attention. J'ai donc commencé à creuser, à chercher. Je suis allée dans ma mine pour aller extraire ce que je vous offre dans ce livre. J'aime faire ce travail qui m'amène à la compréhension de ce que je suis. Comment je fonctionne ? Comment je chemine ? Et tout cela n'engage que moi.

Comme je le dis souvent : « Ne me croyez pas, constatez par vous-même ! »

Les quatre fondamentaux de nos systèmes de croyances

- **parentales** (et pourtant on arrive nu et « vierge » de tout). Les parents vont commencer à nous parler, à nous raconter des histoires, à nous éduquer, à nous habiller, etc.

- **scolaires** (on suit une scolarité, un enseignement une grande partie de sa vie, environ une génération, voire plus pour les longues études). À l'école, on est en grande partie « passif» puisque l'on passe son temps à écouter, à regarder et observer.

- **religieuses** (par la culture familiale ou indirectement par le pays où l'on habite). Nos parents vont penser nous inculquer des valeurs religieuses qui sont les leurs. Ils n'ont souvent pas la conscience que peut-être, elles ne nous correspondent pas ou ne nous correspondront plus à un moment donné.

- **sociales ou sociétales** (qui évoluent selon la société dans laquelle on est, l'environnement, les personnes que l'on côtoie, etc.). Exemple : le petit écran jouant sur l'image et l'émotionnel, on peut donc croire, en grande partie, ce que l'on regarde.

La base de ces quatre fondamentaux est évidemment celle de donner un cadre ou des outils – qui, bien souvent, vont nous rassurer – en tant que parents (évidemment, je m'y inclus étant mère de trois enfants) et des acquis pour que nos progénitures aient des bases solides pour se structurer et construire leur avenir.

Que ce soit par l'éducation parentale, scolaire, religieuse ou sociale, nous sommes amenés, dès le plus jeune âge, à « écouter » l'autre ou les autres, à suivre une éducation, ce qui va sournoisement nous « programmer », nous « endoctriner » et nous « formater » à générer plusieurs croyances qui nous éloigneront de nous-mêmes plutôt que de nous recentrer.

Le maître dit souvent : « Je suis le maître », en tant qu'enseignant d'école, et il nous invitera ou nous incitera à l'écouter. Ce qui est étonnant, c'est que le maître d'école maternelle (dès trois ans) nous dit souvent : « **Soyez sages** » et nous n'avons pas encore le discernement pour adopter la formule : « **Soyez SAGES** » (sagesse). Cela nous permettrait de faire un tri sélectif en permanence et de ne pas nous laisser polluer dès le plus jeune âge.

Le « sage » ne dit jamais qu'il est « sage », et bien souvent, nous les rencontrons dans des lieux ou contextes inhabituels. Ils sont des exemples malgré eux. La simplicité et l'humilité les caractérisent souvent. En ce sens, ils ne vous diront pas : « Je suis un sage ». Et s'il vous venait à l'idée de leur dire : « Vous êtes un sage », vous obtiendriez en retour un petit rictus ou mieux, un moment de silence qui vous ramènerait à vous-même. Pour ma part, ils ont laissé une trace dans ma mémoire, un exemple de droiture et d'intégrité. L'anagramme de « sage » est « ages » et ne dit-on pas que la sagesse n'a pas d'âge ?

La croyance est limitative (**limitation = l'imitation**). Elle nous empêche de nous réaliser pleinement. Nous avons « suivi » par imitation et cela nous a amenés dans la limitation. Indirectement, les croyances nous empêchent d'agir (faire ou ne pas faire). Nous subissons et oublions nos besoins profonds. Notre potentiel créateur ne peut se libérer. Nous nous cloîtrons dans nos prisons intérieures.

Très souvent, nous faisons l'amalgame entre « croyance » et « foi ». J'entends fréquemment : « C'est la même chose ». Il me semble donc important de préciser la signification de ces mots afin de mieux les comprendre pour nous amener à plus de compréhension. J'ai recopié en italique leur définition selon le célèbre dictionnaire *Wikipédia* :

Étymologie du mot «***croyance***» *: credo, credere en latin, qui a donné le mot «croyance».*

Étymologie du mot «***foi***» *:* fides en *latin, qui signifie pacte, accord, alliance et provient d'une autre racine grecque «pistis» qui suggère une «**idée de confiance**».*

La religion s'est souvent emparée du mot «foi» et on a fait un amalgame entre croyance et foi.

«Est-ce que si je crois, j'ai la foi?» ou
«Est-ce que si j'ai la foi, je croîs?»
Croire en qui et en quoi?

Maintenant nous allons voir la définition (selon Wiktionary.org) des mots «***croire***»,«***croître***» et «***croix***» *:*

Étymologie du mot «***croire***» *: du moyen français «**croire**», de l'ancien français «creire», **croire**, du latin «crēdĕre» («confier en prêt; avoir confiance»)*, le sens religieux s›est développé pendant l›ère chrétienne.

Étymologie du mot «***croître***» *:* du moyen français croistre, de l'ancien français creistre («pousser, prospérer»), du latin crescere («**croître**, pousser»).

Étymologie du mot «***croix***» *: les termes «**croix**» viennent du mot latin «crux» qui a le sens de «gibet», «potence».*

Est-ce que «je suis» (**suivre**) une croyance qui est extérieure à moi?

Ou bien est-ce que je mets tout en place pour croire en moi et être (ce que je suis) ?

Évidemment, cela va nous demander une sacrée dose de confiance en nous.

Si «je crois», du verbe «**croître**», je ne peux que m'épanouir, grandir et m'élever vers ma propre lumière. Cela sera un bon élément pour retrouver la confiance en moi et croire en mes capacités pour ainsi créer ma vie. Être le créateur et l'acteur de mon scénario de vie, et non le spectateur, ainsi, je ne finirai pas sur la croix (poteau, potence) en donnant une orientation à ma vie (je rappelle que la croix à l'origine était un symbole d'orientation).

La différence entre les deux verbes (CROIRE et CROÎTRE) est la lettre «**T**», **20**e lettre dans l'alphabet, associée à TAV (en hébreu) ou TAU, **22**e et dernière lettre de l'alphabet hébreu, symbole de la marque, le signe, la croix, le symbole, le sceau divin. «**Tav**» est issue du simple dessin d'une croix, qui n'a évidemment aucun rapport avec la croix chrétienne. Elle représente l'aboutissement de la création.

Pour information, voici la première partie du résumé du petit livret des cartes hébraïques de Marie Elia, *La danse de vie des lettres hébraïques*, aux Éditions Altess, Paris :

22. TAV, l'Étoile de Vérité

«Notion-clé :

- Oser être véridique. Ne pas se mentir, à soi-même ou aux autres.
- Prendre conscience du choix proposé par les circonstances.
- Le moment est venu de s'engager dans la direction pressentie juste !

Choisir d'être sincère, avant tout envers soi-même, représente le premier pas sur le Chemin. C'est peut-être le pas le plus courageux.

Le Pouvoir guérisseur de Tav est puissant. Cette Lettre est une aide précieuse pour le Chercheur de la Vérité intérieure. Tav est magnifique, mais elle est exigeante. Elle représente cette partie de nous-mêmes qui nous pousse à évoluer, à changer, et qui empêche la conscience de s'endormir.

Lorsque Tav apparaît dans le tirage, cela signifie que notre âme demande plus de clarté dans notre vie : une situation, une relation a besoin d'être clarifiée, d'être regardée autrement. Tav nous invite à nous remettre en question, à donner au Divin toutes nos certitudes, nos croyances anciennes, tout ce qui nous limite et ne peut franchir la Porte du Renouveau.

En fait, Tav nous invite à « mourir à l'ancien ». Elle porte la vibration du mot hébreu « Maveth », la mort, tout autant que celle du mot « Emeth », la vérité.

Cette mort n'est pas celle du corps physique, mais bien au contraire celle de tout ce qui nous empêche d'être réellement vivants et heureux. C'est la mort des anciennes habitudes, des attaches et des freins qui empêchent notre âme de s'élancer, enfin libre, pour respirer l'Air pur de la Lumière divine. »

Revenons à la lettre « T »

Tableau Wikipédia :

T proto-sémitique	*tāw* phénicien	*T* étrusque	*tau grec*	*T* romain
+	X	T	Tτ	T

Pendant mes recherches, ma guidance m'indique que je dois désormais faire le lien entre la lettre « **T** », seule lettre qui différencie les verbes « croire » et « croître » et l'unique tarot que j'utilise qui est : *Le Tarot du Chercheur de Vérité*, de David Fontana (Éditions le Souffle d'Or).

Je m'amuse déjà en remarquant que le mot « tarot » commence par un « T » et finit par un « T » et je suis bien loin de m'imaginer où tout cela va me mener.

J'aime cette curiosité qui me fait sortir de l'ignorance, aller vers le savoir qui me permettra d'accéder à plus de connaissance et sans cesse me faire voir les choses autrement, sous un autre angle, comme une nouvelle paire de lunettes qui s'ajuste mieux à mon envie d'apprendre, d'y voir plus clair.

J'aime l'idée de comparer ma tête à une maison, avec des fenêtres, des volets, des cloisons, et petit à petit, en cheminant, des volets s'ouvrent, puis des fenêtres, puis des cloisons tombent, mais la maison reste la même. C'est mon Être profond, mon être véritable qui ne demande qu'à VIVRE PLEINEMENT SA VIE. Plus je crée des ouvertures, plus je me sens libre.

Dans le tarot, il y a seulement quatre cartes qui finissent par la lettre « **T** ». Je vais donc les détailler toutes les quatre qui sont évidemment en lien avec le travail à faire sur nous, sur nos croyances (s'extraire en permanence de nos schémas de pensée pour se trouver). Peut-être que ces quatre cartes sont en lien avec les quatre fondamentaux. À vous de sentir si cela résonne en vous.

La carte 7 - Le Chariot

Cette carte nous montre qu'un premier travail se fait pour se libérer des croyances et aller de l'avant. Cela pourrait faire référence à l'âge. À 7 ans, on commence à se construire, à penser, réfléchir par soi-même; le caractère s'affirme un peu plus.

La forteresse (prison ou château) est derrière le personnage. On voit qu'il tient fermement les rênes entre ses mains pour mener sa propre vie et s'il manque de vigilance, un cheval va partir à droite et l'autre à gauche.

La forteresse étant à la hauteur de sa tête pourrait aussi symboliser la prison mentale, les schémas de fonctionnement dont nous sommes prisonniers et n'arrivons pas à nous défaire.

On emploie l'expression : « Droit devant ! » ou « Aller de l'avant ! ». Pour cela, on doit avoir du courage et de la volonté. Oser aller de l'avant sans se retourner nous donnera la force et la détermination. L'énergie de la carte nous le démontre très bien. C'est une carte d'action qui nous invite à ne plus subir la vie, mais à AGIR pour soi.

La carte 13 – La Mort

Je vous avais parlé de cette carte dans le précédent livre (page 93). Cette très belle carte nous montre le travail à faire sur nos croyances.

Pour apprivoiser la mort, j'ai choisi de jouer avec la phonétique :

— La mort

— Lame Or (la lame de la faux est couleur « or »)

— L'âme OR

C'est déjà un peu plus facile à accueillir. Le numéro de la carte est : « 13 » et si on rajoute le mot « OR », cela donne « 13 OR = Trésor ». C'est une lame du tarot qui peut nous amener à trouver notre lumière, notre trésor intérieur.

Cette carte nous montre que la transformation passe toujours par une certaine mort pour renaître. On appelle cela des « petites morts ».

À 13 ans, on sort de l'enfance pour aller vers l'adolescence.

Je meurs à mes vieux schémas de fonctionnement pour renaître et pour cela, il va me falloir la force et le courage de trancher (lame Or), aller vers plus d'authenticité et de vérité pour accéder à ma lumière (L'âme Or).

Il est souvent difficile d'effectuer des changements, mais une fois que nous les avons faits, nous nous sentons plus en harmonie et en paix avec notre être, avec ce que nous sommes, ce qui est tout à fait juste puisque nous nous retrouvons, en quelque sorte.

Il s'agit bien d'une mort pour une renaissance, un renouveau.

Souvent, nous adoptons un nouvel état d'âme qui va générer un nouvel état d'esprit. Nous nous allégeons, car nous allons au plus près de ce que nous sommes. C'est ce que j'appelle l'adéquation « Corps - Âme - Esprit », un beau trio nous permettant de goûter à la paix intérieure.

La carte 20 - Le Jugement

Petite coïncidence, dans l'alphabet français, la lettre «T» est la 20e lettre, ce qui correspond au numéro de cette carte et on peut constater ci-dessus que les deux cartes précédentes portent les numéros 7 et 13 et 7 + 13 = 20. Est-ce une coïncidence que ces trois cartes finissent par la lettre «T»?

Cette carte nous invite à faire des prises de conscience pour engendrer un renouveau, une renaissance. L'ange «claironne» pour nous inviter à sortir de nos zones d'ombre et à réveiller nos cinq sens (cinq personnages sortent de leur tombe). Quand nos cinq sens sont réveillés, cela active le sixième sens (l'intuition). Cette carte de transformation personnelle nous offre la possibilité de renaître à notre essence (l'essence = les sens), à notre « MOI » véritable. Elle nous invite à sortir de la culpabilité que je surnomme : la mort lente. L'ange nous demande de rester réceptif aux messages, aux signes ou aux synchronicités que la vie nous envoie, de ne plus nous mentir, ce qui donnerait « le juge-ment » (non seulement je me juge, mais en plus, je me mens). Cette carte nous parle de nos propres jugements et aussi de la peur d'être jugés, d'un mensonge ou d'une illusion envers soi-même ou envers les autres.

La carte 22 - Le Fou ou Le Mat

O – Le Fou

Je finis par la carte « 22 » ou « 0 » qui est la même. Je ne prends pas cette carte au hasard. Je rappelle que la lettre « **T** » en hébreu est la 22e et dernière lettre. Elle va nous montrer le chemin...

On nomme cette carte « **Le Fou** » ou « **Le Mat** », finissant par la lettre « **T** ». Celui-ci étant en quête de vérité, on peut dire qu'il est à la fois au début du chemin initiatique et à la fin, d'où les deux numéros 22 et 0. Je rappelle que le jeu comporte 22 cartes.

Au fil du temps (le chemin ou cheminement), le mat (qui symbolise toujours notre personnalité) devra s'alléger ou se délester de ses croyances (sac à dos) et comprendre qu'il n'y a pas d'erreurs, seulement des expériences qui l'amèneront à développer son intuition et suivre sa bonne étoile. Il peut paraître quelqu'un d'insouciant, mais c'est, au contraire, quelqu'un de libre et curieux de nouvelles aventures et découvertes qui jalonnent son évolution. Les deux bâtons nous montrent l'axe de l'Horizontalité et l'axe de la Verticalité. Le cheminement n'est-il pas une quête de soi-même ?

Je vais m'appuyer sur les deux dernières cartes 20 et 22 et vous parler de la croix de l'axe (croix en parfaite égalité sur les deux axes). Pour cela, je vous emmène à Rennes-le-Château, petit village du Sud de la France suscitant l'intérêt d'une multitude de personnes, y compris Dan Brown qui s'est inspiré de l'histoire du lieu pour son roman *The Da Vinci Code*.

Petit résumé : L'abbé Bérenger Saunière, le curé du village, aurait découvert un trésor en 1885 sans que ni l'origine ni la nature exactes en soient connues. Je ne m'attarderai pas sur l'histoire, car beaucoup de choses ont été écrites et je préfère garder les souvenirs d'enfance (mon grand-père paternel étant de la famille de ce célèbre curé).

J'ai toujours aimé aller à Rennes-le-Château, tout d'abord pour la superbe vue à 360 degrés et surtout pour l'église et son extérieur qui sont une véritable géométrie sacrée. J'ai eu la joie d'y emmener plusieurs connaissances et chaque fois, c'était une belle aventure. J'aime y aller avec un regard neuf pour voir et ressentir de nouvelles choses.

Ce qui fait la grande différence avec d'autres églises, c'est qu'à l'entrée, à votre gauche, vous êtes accueilli par le Diable, en bas, et par quatre anges au-dessus du bénitier.

BS

Et au-dessus du bénitier (4 anges)

Entre les deux, on peut lire : « **Par ce signe tu le vaincras** » (22 lettres), alors que l'Église catholique a dit et écrit : « Par ce signe tu vaincras » (20 lettres). L'abbé Saunière a volontairement fait rajouter « LE », ce qui avait, à l'époque, interpellé le sculpteur. Mais que veut dire ce « LE » ? Tu « LE » vaincras... Qui ? On peut supposer que c'est le Diable, puisque l'inscription est au-dessus du diable et que l'ange du bas le pointe du doigt de sa main gauche.

Comment fait-on pour vaincre le Diable ? S'agit-il d'un « diable » extérieur ou intérieur ? On examine au-dessus la symbolique et le signe adéquat. Quatre anges sont représentés portant des robes de couleurs différentes. Je vous invite juste à observer la position des mains et tracer une croix pour s'apercevoir que nous retrouvons une croix en parfaite égalité : « + », dans le tableau, fait référence au T prosémitique.

- L'ange du haut a une main sur son front (le troisième œil) et l'autre main sur le cœur.
- L'ange à gauche touche de sa main droite son épaule droite.
- L'ange à droite porte sa main droite sur son épaule gauche.
- Les épaules représentent les polarités (féminin-masculin). L'épaule = les pôles.
- L'ange du bas pointe du doigt le diable de sa main gauche et met sa main droite sur son cœur.

Au-dessus des quatre anges, nous observons une croix ornée d'une fleur en son milieu.

Voici ce que j'en ai déduit : **Par ce signe** de croix (en parfaite égalité), **tu vaincras** le diable en chacun de nous et qui représente, peut-être, toutes les croyances qui nous ont conditionnés et ont généré des peurs en nous.

J'appelle souvent notre cerveau gauche « le diablotin » et ne dit-on pas des enfants qu'ils sont mi-anges, mi-démons ?

Dans le dictionnaire, le mot diable signifie «celui qui divise, qui désunit». Ma définition du mot «diable» est **di-able** : habilité à trouver Dieu en soi. En trouvant son axe, on retrouve son «soi».

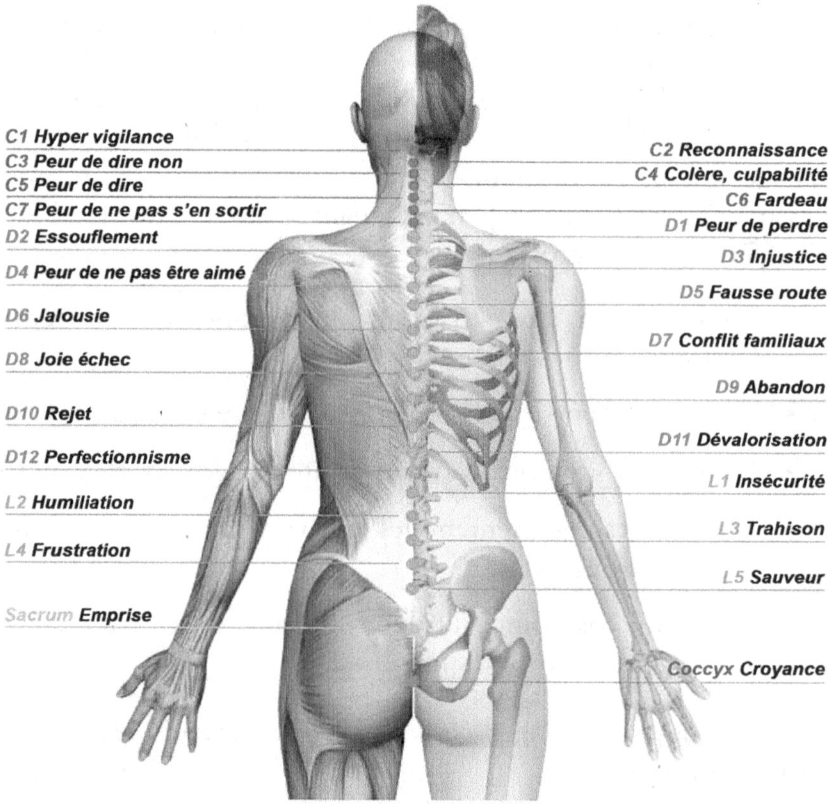

Je vais reprendre la symbolique de ces mêmes chiffres «20» et «22» et observer le schéma ci-dessus de la colonne vertébrale (*Le langage émotionnel du corps*, de Roger Fiammetti, aux Éditions Guy Trédaniel).

Vertèbre n° 20 : L1 Insécurité; Vertèbre n° 22 : L3 Trahison

Il est bien évident que la «Trahison» me fait ou me fera vivre de l'«Insécurité». Si je crois en quelque chose d'extérieur à moi et qui n'est pas fondamentalement ma vraie nature, je me trahis et cela me plonge encore plus dans l'insécurité. L'insécurité peut générer des doutes, des peurs, des angoisses, des crises de panique, des tocs[1], des phobies... j'arrête là!

En terminant, je constate que l'on est tous assis sur des croyances (coccyx) et je rajouterai un lien intéressant, en phonétique : si je dis «cou 6», cela ressemble à «coccyx» (cou 6, cervicale 6 = Fardeau). Souvenez-vous que le sac à dos que nous portons tous – nos croyances – est un fardeau si nous ne prenons pas conscience que de temps en temps, nous devons nous délester pour être plus fluides et légers (la carte 22 ou 0 du tarot).

Définition de la résolution d'un problème au coccyx selon Jacques Martel et son célèbre ouvrage *Le grand dictionnaire des malaises et des maladies*, aux Éditions Quintessence :

«J'accepte de voir jusqu'à quel point je fais preuve d'indépendance et de vigueur dans ma vie. Je dois laisser aller tout sentiment d'inquiétude face à mes besoins de base et **prendre conscience maintenant** des forces qui m'habitent et affirmer que je suis la personne la mieux placée pour assurer ma propre survie.»

Anecdote : En septembre 2015, je faisais diverses recherches pour bâtir le contenu de mon nouvel atelier intitulé *Les Croyances*. Après plusieurs jours de travail, j'avançais fièrement vers la fin. L'avant-veille de mon anniversaire, le matin, je me suis levée tranquillement et j'ai été prise de violentes douleurs dans ma colonne vertébrale. Chaque pas était accompagné d'une décharge électrique si intense que je m'évanouissais tellement la douleur était électrisante. Impossibilité de marcher. Au terme de la visite du docteur, qui pensait à une hernie discale, il me prescrivit une imagerie médicale (*scanner*). J'avais le sentiment profond qu'il ne

1. Tocs : troubles obsessionnels compulsifs

s'agissait pas de cela. Je ressentais que mon problème était en lien étroit avec le sacrum et le coccyx, et qu'il n'était que la résultante du travail accompli ces derniers temps. J'ai voulu creuser dans « les croyances » et par effet miroir, j'ai touché à mes propres croyances. On n'est jamais aussi bien servi que par soi-même !

Constat : Alitée et incapable de marcher, j'attendais patiemment l'imagerie médicale. Rien n'était anodin. Je devais vivre cette douloureuse et angoissante expérience pour la comprendre, pour l'intégrer. J'ai eu besoin que cela passe par mon corps, que je m'inflige encore cela croyant peut-être qu'en la vivant, je l'intègrerais et que je pourrais donc la transmettre. Est-ce une fausse croyance ?

Diagnostic : Lombalgie paralysante. Sacralisation de la L5-S1.

Voici la définition de la sacralisation : Anomalie de la cinquième vertèbre lombaire, située dans le bas du dos, dont les parties saillantes (apophyses) sont élargies, aboutissant parfois à une soudure avec le sacrum, os triangulaire situé entre la cinquième vertèbre lombaire et le coccyx, dernier os de la colonne vertébrale.

Je suis certaine que cela va interpeller plusieurs personnes !

L5 : Sauveur – **S1** : Emprise

À moi de me « sauver » de « l'emprise » de mes croyances.

Je n'aurais jamais pensé que de monter cet atelier m'aurait fait autant « travailler » dans tous les sens du terme. Rien n'est anodin et tout prend son sens, même si parfois on se passerait bien du processus « douleur ». Est-ce un « doux leurre » ?

Petite anecdote lors de la lecture de l'imagerie médicale

Un ami médecin me demande de mettre le haut-parleur de mon téléphone pour écouter la lecture du diagnostic du radiologue.

Bilan : «La chance que vous avez, c'est que votre canal est très propre.» Mon ami médecin, à l'autre bout du fil, réplique : «Tu ne crois pas si bien dire ! » Cela m'a amusée, car le radiologue ignorait que j'étais médium.

J'aime ce genre de situation cocasse, comme de petits clins d'œil du Ciel.

Quelques jours plus tard, mon amie Martine Vallée, fondatrice de la Maison Les Éditions Ariane, au Québec, est décédée. J'en fus énormément affectée. Mais elle m'offrit un dernier cadeau, celui de venir me dire «au revoir», en songe, quelques heures à peine avant son décès. Voici ce rêve que je vous partage, fait dans la nuit du 18 au 19 septembre 2015 :

> — «Martine rentre dans ma chambre sans frapper, ce qui n'est pas du tout son genre. Elle est très lumineuse et souriante, je dirais même joviale comme à son habitude. Je lui dis :
>
> — Waouh ! Tu es resplendissante ! Je vais devoir mettre des lunettes de soleil, car tu m'éblouis.
>
> Et là, je me rends compte que je suis déjà assise sur le bord de mon lit, comme pour me lever. La main droite de Martine est posée sur son cœur et me dit :
>
> — Je veillerai sur toi, petite sœur, au revoir ! »
>
> Il est 5 h du matin. Je me rendors, un peu perturbée.

Le lendemain, j'ai bien hâte de lui raconter mon rêve par WhatsApp. J'attends un peu, car il y a six heures de décalage horaire (en moins pour le Québec) et je ne veux pas la réveiller.

Vers 15 h, je m'empresse de lui raconter mon beau rêve et la réponse de Jasmine, une amie très proche de Martine, fut un choc pour moi :

— Bonjour Catherine. Martine est décédée très tôt ce matin. Tu es bien chanceuse, car elle est venue te dire au revoir !

Ouf ! Encore des croyances qui se liquéfient pour que tout reprenne une juste place. Plus d'échelle du temps, de distance kilométrique, d'espace, le lien d'Amour, d'amitié et de fraternité que nous avions m'a montré qu'il n'y avait pas de décalage horaire. L'Amour ne meurt jamais. Même si je sais et suis convaincue qu'il y a une vie après la mort, je vais expérimenter la différence entre la théorie et la pratique.

Peu de gens étaient au courant que je côtoyais cette « Grande Dame » et inversement, elle m'appelait « sa petite sœur », d'où ce surnom dans mon rêve. Elle était bienveillante et empathique. Pourquoi je taisais notre lien, et celui que j'ai encore avec d'autres personnalités dites « publiques » ? Eh bien parce que souvent, les gens nous côtoient pour ce que nous faisons ou pour les gens que nous connaissons ou bien pour notre réseau ou relations...

Quand je décide de mettre cette personne « publique » en avant, cela se fait d'un accord commun qui est, bien souvent, pour servir une cause commune. Partager, toujours partager... À ce jour, je n'ai pas encore rencontré cette grandeur d'âme. Je suis heureuse de lui rendre hommage au travers de ce chapitre.

Nous aimions nos échanges; ils étaient loin d'être superficiels. Elle me demandait mon avis sur la « spiritualité » et je lui répondais que ce mot ne me parlait pas. Je préférais parler de « bon sens », ce qui est toujours le cas. Elle m'a présenté plusieurs personnes dans ce milieu dit « spirituel » et cela ne résonnait pas du tout en moi. Elle souriait, car mes mimiques sont en général très explicites et bien souvent, je me demandais ce que je faisais là. Nous avions des fous rires dans son bureau ou dans son restaurant préféré, le Leméac, à Montréal. Pour elle, j'étais indomptable et je ne me fondais pas dans un moule. « Faire ce que l'on ressent et non ce que l'on pense » était déjà ma devise. J'aimais son audace, ses projets comme « Un vœu, un ange ». Elle fourmillait d'idées et on ne pouvait pas rester insensible à son amour et son dévouement aux autres. Quel cadeau majestueux que de t'avoir rencontrée, Martine !

Nous avions l'habitude de converser une fois par semaine par WhatsApp. Elle savait que je montais un atelier intitulé *Les Croyances* et était aussi au courant de l'écriture de mon livre qu'elle avait lu attentivement avec la proposition de m'éditer, même si elle n'était plus à la tête de la maison d'édition. Quelques semaines plus tard, lors de mon séjour au Québec, j'avais choisi de lui annoncer de vive voix que j'éditerais mon premier livre aux Éditions Le Dauphin Blanc et non aux Éditions Ariane, comme elle me l'avait gentiment proposé. Pour moi, c'était important d'être en face de Martine au moment de la prévenir de ma décision. La transparence, c'est se dire les choses de vive voix, sans *mails*, sans textos ou sans téléphone. Juste elle et moi. Mais cela n'a pu se faire. Je culpabilisais et avais l'impression de l'avoir trahie. Mes croyances s'effondraient encore et encore. En fait, je ne voulais pas mélanger le « professionnel » et « l'amitié », une croyance très profonde ancrée en moi et la vie me présenta, évidemment, ce que je redoutais et qui m'a déroutée. Bien heureusement, le lendemain, j'ai reçu un très long *mail* de mon futur éditeur, Alain Williamson, qui m'a enlevé ce lourd poids de « culpabilité » en me laissant le choix de me retirer ou non. Sa responsabilité était de me mettre devant ma responsabilité. Belle leçon pour moi ! Ce *mail* rempli de bienveillance et de douceur a été déclencheur et réparateur ; il m'a permis une profonde prise de conscience. Mon choix était une évidence. J'avais opté pour quelqu'un d'aussi humain et doté d'autant d'humour et d'autodérision que Martine.

Merci la Vie !

Merci Martine, Merci Alain.

Croyances et conscience

Les croyances

- Comment je me sens face à telle croyance ?
- Est-ce que je suis à l'aise avec cela ?
- Qu'est-ce que je ressens dans mon corps, sachant que le corps est la matière et le véhicule de l'âme ?
- Est-ce que cette croyance m'appartient ?
- Est-ce que j'ai envie de la garder ou pas ?
- Suis-je à mon écoute ? Ou est-ce que j'écoute la voix des autres ?
- Est-ce que je crois en moi ou en quelqu'un d'autre que moi ?
- Est-ce que je suis en accord avec ma voix intérieure ?
- Est-ce que je me respecte ?
- Est-ce que je fais le choix de faire vivre telle croyance en moi ?
- Est-ce le bon moment pour transformer telle croyance ?

La conscience

C'est le cheminement qui permet de transcender tout ce à quoi l'on croit depuis notre naissance.

C'est une ouverture d'esprit, de non-jugement et de profonde écoute de soi qui permet d'ouvrir les fenêtres de notre conscience et ainsi guérir de nos émotions. Ce processus d'évolution nous rend plus libres et nous offre une certaine paix puisqu'il rétablit l'harmonie en nous.

C'est prendre conscience qu'à tout moment, je peux modifier mes croyances et surtout que j'ai les ressources pour agir.

C'est rétablir un lien entre « **croyances** » **et** « **conscience** », nous amenant à la **Foi**.

Les croyances nous contrôlent. À nous de savoir si nous nous laissons manipuler par notre « diable intérieur », qui ne peut que générer des frustrations, blocages, jugement, culpabilité, ou si nous prenons conscience qu'à un moment donné, il est possible d'agir. Cela nous demande force, courage et volonté.

Nous accueillir comme nous sommes, avec nos défauts et nos qualités, c'est déjà le premier travail. Ensuite viennent l'acceptation, puis la réparation.

1. Accueillir
2. Accepter
3. Réparer

Voilà les trois phases nécessaires pour nous permettre de transcender nos « démons intérieurs » qui sont toujours en reliance avec nos croyances.

Déposer de l'Amour et de la bienveillance sur nos zones d'ombre, c'est nous donner l'occasion d'accéder à notre propre Lumière. Une dose d'humour et/ou d'autodérision peuvent aider, car nous retombons souvent dans nos travers et cela permet de stopper le jugement.

Accueillir et **Accepter** que le Divin est en soi et non à l'extérieur de soi, c'est **Réparer** et établir un pont entre le « soi » et le « moi ».

Croire profondément en ce que je suis, c'est **Croître**, grandir et prospérer.

C'est mettre en Lumière nos croyances et établir un pont aux couleurs de l'arc-en-ciel jusqu'à la conscience afin de renouer avec la FOI. Cette « FOI », nous l'avons tous; elle a toujours été là, présente, mais nous l'avons abandonnée. Nous nous sommes abandonnés. Nous avons mis de côté cette partie divine en croyant qu'elle était extérieure à nous. Nous avons fait confiance en des « choses » extérieures à nous. Nous nous sommes éloignés sournoisement de notre Lumière, de notre Amour, de notre FOI.

Une affirmation répétée sans conscience ne donne rien, car la croyance reste en nous. C'est comme chanter une chanson sans y mettre l'émotion. Il n'y a pas d'impact ou d'effet levier et la croyance reste en soi.

Une intention exprimée avec force et conviction, partant du cœur avec un centrage fait en amont (voir schéma du centrage), va créer une grande ouverture. C'est pour moi la prière dans toute sa splendeur et son immensité. C'est cette intention-prière qui fera en sorte que le miracle s'accomplira.

En ce sens je deviens le créateur de ma vie et j'alimente la FOI en moi. Une croyance ne vit que si elle est alimentée, sinon, elle meurt. Croyance et FOI sont toutes les deux une énergie qui vit en nous. À nous de savoir laquelle on veut faire grandir et prospérer pour nous rendre plus forts. Ne dit-on pas que seule la FOI soulève les montagnes ?

Tous les chapitres suivants présentent des situations et des histoires qui ont ébranlé mes croyances et changé ma vie. Accueillir le fait que tout peut changer et évoluer à tout moment, accepter de remettre en question nos fondamentaux et nos schémas de fonctionnement peuvent être libérateurs et générer des ouvertures.

La vie, c'est toute une aventure ! À nous d'être curieux, ouverts d'esprit, prêts à apprendre de soi et des autres, partager, échanger, communiquer. Voir et observer, sentir et ressentir, écouter et entendre, goûter, manger et savourer, toucher et s'éveiller à la magie de la vie qui circule en nous.

Rencontre avec « Marie »

Décembre 2016, je viens tout juste de rentrer du Québec. Je suis fière d'avoir participé au Salon du livre de Montréal et de ramener quelques exemplaires de mon premier livre Être soi, Source de joie, publié aux Éditions Le Dauphin Blanc et qui sortira en France en janvier 2017. Je m'étais promis d'offrir ce récit à toutes les personnes citées dans le livre en remerciement de leur participation directe ou indirecte.

Le jeudi 8 décembre, fête de l'Immaculée Conception, après ma journée de travail, je décide d'aller déposer mon livre à l'intention d'un couple d'amis sur leur lieu de travail. Mon ami Jean-Pascal, chirurgien, est en train d'opérer et son épouse s'est absentée. Je dépose ma première création au secrétariat et je m'en vais. En sortant, je choisis d'aller à la chapelle de l'Immaculée Conception située tout près de l'endroit où je suis, afin de brûler un cierge en l'honneur de cette belle fête. À ma grande surprise, tous les cierges en cire ont été enlevés et remplacés par des bougies électriques. Je suis déçue et je regarde Marie en lui mentionnant, en pensée, que je ne peux pas mettre une pièce pour voir une lumière « artificielle » s'allumer, car pour moi, la flamme c'est la vie. Les bougies électriques me font un effet de « froid » plutôt que de « chaleur ».

Tout de même frustrée, je sors de la chapelle avec le sentiment que je ne suis pas allée au bout de mon souhait profond. J'appelle mon mari pour lui dire que j'allais prendre plus de temps afin de me rendre à pied jusqu'à la cathédrale Saint-Jean.

Je marche jusqu'à l'église suivante et suis ravie à l'idée d'aller brûler un cierge et déposer, peut-être, des intentions selon ce que mon cœur manifestera. Je rentre dans la cathédrale. La chapelle de l'Immaculée Conception se situe à droite et je me dirige vers les nombreux cierges. Je suis ravie, car Marie est dignement fêtée et célébrée. C'est magnifique de voir tous ces lampions allumés et cette chaleur, dans tous les sens du terme, qui s'en dégage.

Comme dirait mon ami Pierre Barnérias, producteur du film *M et le troisième secret* : « Qui est donc cette femme qui fait mettre à genou des millions de personnes ? » Je répondrais : « Marie, mère qui veille sur la Terre, une mère qui ne fait pas de différence et nous aime tous, qui aime ses enfants sans condition de races, de catégories sociales, de religion, une MÈRE dans toute sa splendeur et son immensité, elle est probablement la « Femme » la plus fêtée au monde. Une femme juive, priée par des chrétiens et des musulmans... qui fait toujours parler d'elle par-delà le temps. « **Marie** » dont l'anagramme est « **Aimer** », c'est tellement logique... »

J'allume ma bougie et me demande quelle intention présenter... – même si très souvent je n'ai pas de demande à faire, je mentionne juste le mot magique : « MERCI » – mais ce qui me vient et qui se manifeste en moi est assez inhabituel :

« Surprenez-moi ! Je souhaite une surprise ! »

Je suis moi-même étonnée, voire un peu gênée de ce qui vient de se produire et pourtant, cela vibre dans tout mon corps et mon cœur, car en disant cela, je ris de moi-même. Je me surprends toute seule, comme une enfant dans sa spontanéité et son insouciance. Je me recueille un long moment. Se retrouver dans son temple intérieur, quel que soit le lieu, fait un bien fou. Je contemple ces lueurs de flammes, l'étincelle de vie, le feu sacré, qui charment mon cœur et mon âme, comme le feu d'une cheminée qui nous réchauffe.

Cette idée de demander une surprise m'a remplie de joie et je marche jusqu'à ma voiture en me disant : « Quelle idée ! » Je me sens agréablement légère et ma joie est double. D'abord, je suis allée au bout de ce que je souhaitais, brûler une vraie bougie. Puis, j'ai formulé une intention un peu hors-norme par rapport à mes schémas mentaux et à mes croyances.

Je rentre à la maison et partage cette idée saugrenue avec mon mari qui me répond : « Méfie-toi de ce que tu as demandé, car avec toi, cela pourrait être une sacrée surprise ! » Il ne croyait pas si bien dire. Le résultat ne s'est pas fait attendre :

« Demandez et vous recevrez ! »

Le lendemain, j'ai une petite journée : deux consultations le matin, puis, je suis en week-end. J'accueille la première personne. Puis, au deuxième rendez-vous, à 10 h 30, j'attends une dénommée Séverine (dans mon agenda je note uniquement les prénoms). Cette dame étant un peu en retard, je l'appelle pour m'assurer qu'elle n'a pas oublié. Elle me répond qu'elle est en route et sur le point d'arriver.

En ouvrant la porte, je suis immédiatement attirée par son regard et ensuite, je découvre une personne dotée d'un certain charisme et d'une beauté peu commune grâce à un mélange de cultures certain. J'ai le sentiment très fort de la connaître et à la fois, je suis certaine de ne l'avoir jamais reçue en consultation, sentiment étrange dont je lui fais part.

Elle me répond qu'effectivement, elle n'est jamais venue en consultation, ajoutant qu'elle habite Paris et qu'un ami de Perpignan lui a donné mes coordonnées.

Cette sensation de « déjà-vu » ne me quitte pas après une quinzaine de minutes et je le lui manifeste à nouveau. Elle me répond : « Je suis comédienne et actrice. Je joue dans une série télé. C'est peut-être là que vous m'avez vue… » Ce à quoi je rétorque : « Non, je ne crois pas, car je regarde très peu la télé et encore moins des séries. » Mes interrogations se poursuivent. Mon cerveau doit être en mode « recherche », car il sait au fond de lui que mon ressenti est fondé.

La consultation se déroule et tout à coup, je perçois, à gauche de Séverine, la présence très nette d'une énergie féminine grandiose, dégageant à la fois de la douceur et quelque chose de très enveloppant et protecteur, comme une mère le ferait avec son enfant, un regard doux et bienveillant posé sur elle. Je lui demande si elle a un lien avec la Vierge Marie, car je ressens très fort cette énergie et je la vois comme en lévitation entre elle et moi, à peu près à un mètre du sol. Je suis émerveillée de cette présence, même si ce n'est pas la première fois, et je ressens de la gratitude pour ce moment privilégié.

Séverine, très touchée et émue me répond : « Oui, effectivement, un lien très particulier puisque j'ai incarné la Vierge Marie au théâtre, sous la direction de Robert Hossein dans le spectacle *Une femme nommée Marie…* »

Je réalise à cet instant que c'est exactement ce regard que j'avais retenu d'elle et je me souviens avoir vu le spectacle, retransmis à la télévision, d'où ce visage qui ne m'était pas inconnu. C'était donc une certitude et une évidence, mon ressenti très fort qui ne me quittait pas depuis son arrivée s'est enfin vérifié. Je suis soulagée, car je sens mon cerveau décrocher de l'analyse : « Mais où l'as-tu vue ? Es-tu sûre ? Est-ce que tu crois que… ? »

Séverine me livre plusieurs anecdotes concernant son lien à Marie et elle nous fait le cadeau d'un beau témoignage que vous pourrez lire plus loin dans ce livre. À ce moment-là, je me sens touchée par la grâce, un instant magique et unique qui restera à jamais gravé dans ma mémoire et qui cassera encore et encore des schémas de croyance en moi.

Séverine avait pris rendez-vous trois mois avant cette date. Je suis allée brûler un cierge la veille, j'ai déposé ma demande de surprise, et le lendemain je l'ai eue ! Étrange situation. Mon côté « analytique » et contrôlant va vite s'emballer et se poser ces questions :

— Est-ce que c'était inscrit que j'aille à l'église la veille ?

— (Si mes amis avaient été disponibles, je n'y serais pas allée puisque nous aurions partagé et échangé sur mon séjour au Québec et sur la sortie de mon livre).

— Est-ce que j'ai provoqué cette surprise ou était-elle préméditée ?

— Suis-je juste un « pantin » dont le Ciel s'amuse et me dirige tel un automate vers ce qui devait être ?

— Pourquoi ai-je fait cette demande qui m'a surprise moi-même ?

Toutes ces questions se bousculent dans ma tête. Et pourtant, c'est une réalité et un constat que d'admettre que je n'ai rien contrôlé, que cela dépasse l'entendement.

C'est donc cela que ça veut dire : « **Ça dépasse l'entendement** ». Oui, ça dépasse mes pensées, mes concepts, ma vision des choses, comme si tout m'échappait, mais avec une sensation plutôt agréable d'accueillir ce qui est, sans résister, juste RECEVOIR ce cadeau, cette précieuse surprise (Précieux = **Près** des **Cieux**).

Gratitude infinie à toi, Séverine. Tu m'as permis de vivre ce moment de grâce et de joie profonde qu'aucun mot ne peut décrire.

Inutile de vous dire que nous avons gardé un lien étroit, car quand le Ciel vous offre un joyau, vous savez que cela a du sens et vous le choyez au fil du temps.

Je finis ce chapitre sur une note d'humour quant à la réaction de mon mari suite à mon récit à son arrivée à la maison : « Pourquoi tu vas à l'église voir la Vierge Marie pour faire des demandes alors qu'elle se déplace chez toi et vient te surprendre ? »

En voilà une bonne question !

Notre-Dame de Paris

Pour faire suite au chapitre de Marie, je ne peux m'empêcher d'écrire sur l'incendie de Notre-Dame de Paris appelé communément « Notre-Dame ».

L'anagramme de « Notre-Dame » est « Démontera ». Quel hasard !

L'incendie a fait rage durant près de **15** heures, du **15** au **16** avril 2019.

Nous retrouvons la symbolique des cartes de tarot (« 15 - Le Diable » et « 16 - La Maison Dieu ») abordée dans le prochain chapitre. Vous verrez que sur la carte « **15** », deux personnages sont prisonniers des griffes du diable. Sur la carte « **16** », il y a bien le feu dans un bâtiment de pierre. Je précise que l'incendie a débuté le lendemain des Rameaux; nous sommes en Semaine sainte.

Quelques jours plus tôt, le 11 avril, 16 sculptures en cuivre représentant les 12 apôtres et les 4 évangélistes ont été enlevées afin de faciliter la rénovation de la flèche de Notre-Dame. Pour que les opérations se passent au mieux, les têtes des 16 personnages ont été découpées. Ces 16 statues étaient toutes orientées vers Paris (aux 4 points cardinaux) afin de veiller sur la Ville Lumière sauf une, celle de saint Thomas, patron des architectes, considéré comme un sceptique, d'où l'expression *Je suis comme saint Thomas, je ne crois que ce que je vois.*

La flèche tombe dans le cœur de la cathédrale – le transept – comme pour nous indiquer que nous devons retourner dans notre cœur. Est-ce la fin des croyances et le début de la Foi ? Je me suis posé cette interrogation et je me la pose encore.

La flèche en plomb portait, à son sommet, un coq qui contenait trois reliques : une petite parcelle de la sainte **couronne**, une relique de saint Denis et une de sainte Geneviève.

La **flèche** représente la droiture et la verticalité, mais aussi une direction et le fait qu'elle tombe dans le cœur de Notre-Dame pourrait-il nous démontrer que nous nous sommes égarés de nous-mêmes ?

Le **coq** est connu comme emblème de fierté, symbole de la France, lié à l'énergie du soleil, car quand le coq chante, il annonce le lever du soleil. Mais ce jour-là, le coq est tombé quand le soleil se couchait.

Quand le **soleil** se couche, il laisse place à la **lune**, symbole du féminin, des rythmes ou des cycles, du temps qui passe, de l'intuition, de l'inspiration. En astrologie, on l'associe à la mère.

Paris = Par I : le I est la lettre de l'alphabet la plus droite, alignée, verticale, comme une flèche avec un point au-dessus qui pourrait représenter la connexion au Divin, la reliance avec nous-mêmes.

Cet incendie se passe le jour de la Saint-Paterne et toutes les statues sont masculines, étrange coïncidence ? C'est pourtant un lieu dédié au féminin, Notre-Dame, Marie, anagramme de « **AIMER** ». « Prier » anagramme de « périr » et ce lieu de prière a péri dans les flammes. « Prière » anagramme de « pierre » : *Et sur cette pierre je bâtirai mon Église...*

Avons-nous besoin d'un lieu pour prier ?

Est-ce que nous prions ou est-ce que nous récitons ?

Marie, en tant que femme et mère, nous demande peut-être de retourner dans notre cœur, notre temple intérieur, la cathédrale de l'âme. Nous sommes-nous détournés du chemin de l'Amour véritable ? Le refrain de la chanson *Notre-Dame de Paris* est le suivant :

Il est venu le temps des cathédrales,
Le monde est entré dans un nouveau millénaire
L'homme a voulu monter vers les étoiles
Écrire son histoire
Dans le verre ou dans la pierre.

Intéressant de constater que le nouveau projet de reconstruction de Notre-Dame pourrait être en verre... À suivre !

Peut-être qu'il est grand temps de se reconnecter aux étoiles en passant par le cœur, et non la pierre. La prière vient du cœur; c'est une intention puissante. C'est sans aucun doute l'arme la plus puissante, la force de la FOI qui crée le miracle.

Couronne

Au moment où j'écris ce livre, nous sommes en pleine pandémie du coronavirus et je ne peux m'empêcher de faire le lien, comme plusieurs d'entre vous, avec la couronne.

Symboliquement, qui porte une couronne à part les rois et les reines ? Marie, Reine du Ciel est bien souvent représentée avec une couronne. Sa place est souvent sur la tête, la partie la plus haute de notre corps. Sa forme est souvent ronde et sa matière est composée de métaux, de pierres précieuses ou de végétaux quand elle était remise aux vainqueurs (couronne de laurier).

Cette couronne pourrait-elle établir un lien ou une connexion entre le Ciel et nous-mêmes?

En France, le moment de l'année où nous sommes tous aptes à porter une couronne est la fête de l'Épiphanie (signifiant manifestation ou apparition) : l'arrivée des rois mages venant apporter trois cadeaux : l'or, l'encens et la myrrhe.

Et si ces cadeaux nous étaient tous destinés pour que nous nous reconnaissions?

— L'or apporté par Melchior - Reconnaître sa royauté intérieure.

— L'encens apporté par Gaspar - Reconnaître sa divinité intérieure.

— La myrrhe apportée par Balthazar - Reconnaître son humanité intérieure.

La galette des Rois est ronde et dorée, comme le soleil, et se déguste un dimanche, jour du soleil. Une belle façon de se reconnecter à son soleil intérieur, à sa lumière si tout cela est fait en conscience.

Les trois couleurs de peau des rois mages sont-elles le fruit du hasard ? Ou est-ce un message pour tous les humains, toutes les cultures ? Mythe ou réalité ?

Dans toutes les cultures et les religions, la symbolique de la couronne est utilisée pour des initiations, des rituels ou des passages. Cette pandémie nous servira-t-elle à faire des prises de conscience pour amorcer un changement intérieur ?

Quand Notre-Dame de Paris a brûlé, c'était en Semaine sainte. Souvenez-vous qu'il y avait des reliques de la sainte couronne au sommet de la flèche. Ironie du sort, un an plus tard, nous sommes tous confinés et invités à rester chez nous pour aller voir à l'intérieur ce qu'il s'y passe. Allons-nous périr ou prier intérieurement afin de retrouver le chemin de la FOI ?

On nous martèle « Restez chez vous ». On ne peut plus aller prier dans des lieux religieux. Toutes les cultures et religions sont concernées.

Il n'existe pas d'anagramme parfaite au mot « couronne ». Le mot le plus proche est « reconnu ». Reste la lettre « O » de forme ronde, de couronne ou d'alliance, englobant le tout.

Cette lettre fait aussi référence à un chiffre : zéro « 0 ». On remet les compteurs à zéro, on réinitialise, on revoit la copie à l'échelle individuelle et collective. Mot dérivé de l'arabe, « çifa » qui signifie « vide ». Un nombre à la fois vide et infini. Le rien et le tout. Le néant ou le « né en ». Est-ce que dans ce vide, il y a le tout ? Dois-je pour cela naître ou renaître à moi-même ?

Le coronavirus est aussi appelé **Covid 19**. « **C** : c'est », un « **0** » qui est « **vid** : vide ». Dans la série des chiffres, on peut placer le « 0 » avant le « 1 » ou après le « 9 ». Penchons-nous sur le chiffre « **19** », représentant le Soleil dans le tarot.

La carte 19 - Le Soleil

On y voit un soleil radieux entouré d'un rond « 0 ». Une femme et un homme dénudés. L'anagramme de « nue et nu » sont « une et un ». L'union du féminin et du masculin. La femme porte une couronne de laurier (l'or y est); elle est couronnée. Des fleurs de tournesol : cette fleur fait une révérence au soleil lorsqu'il se couche, comme pour se retourner vers son soleil intérieur, sa lumière. Ses graines vont produire une huile.

Le « 0 » ou « zéro » pourrait symboliser une alliance. Ferons-nous alliance avec nous-mêmes, entre le masculin et le féminin en nous, afin de stopper le combat et notre dualité intérieure, créant la meilleure immunité qui soit ?

Le soleil est source de lumière : pas de soleil, pas de vie.

Unifier le soleil extérieur et le soleil intérieur afin de ne faire qu'un et se donner VIE. Alimentons notre soleil intérieur, notre lumière afin de rétablir le « courant » en nous. Plus la vie circule en nous, plus nous sommes en santé.

Honorons les rois et reines que nous sommes.

Se faire confiance, ne pas alimenter la peur afin de rayonner et créer un halo de lumière autour de nous. Ainsi, ce « 0 » sera rempli du tout et non vide.

Nous portons tous cette couronne « immatérielle » et invisible. À nous d'en prendre conscience, de retrouver le chemin de la verticalité, l'alignement et pour cela, nous devons retourner en nos cœurs afin de renouer avec l'esprit.

Cette opportunité (aux portes de l'unité) se fait par l'entremise de quelque chose d'invisible à l'œil nu (virus), de non palpable ou perceptible et pourtant bien existant. Mais n'en est-il pas de même pour ce qui est du Divin, de Dieu, de l'énergie, de la lumière ?

N'est-il pas grand temps d'accueillir qui nous sommes en plaçant « le Divin » en nous et non à l'extérieur de nous ? Ainsi, notre couronne prendra forme et place pour le bien de chacun.

Se consacrer, c'est renouer avec le « sacré » et nous attribuer le « césar » (son anagramme), une forme de récompense qui ne viendra pas de l'extérieur, mais de l'intérieur.

DEUXIÈME PARTIE

Affection et Amour véritable

Janvier 2016, ma deuxième fille vit une rupture sentimentale violente après deux ans d'une belle idylle avec son premier amour. Le rêve se transforme en cauchemar et une descente aux enfers point à l'horizon.

Louise, étudiante en 2e année de licence de cinéma réside à Montpellier et rentre parfois le week-end chez nous. Un dimanche de février, elle se réveille, sort de sa chambre et vient s'asseoir à la table où nous déjeunons, mon mari et moi. Ce matin-là, pas de « bonjour » habituel, mais une phrase qui restera longtemps gravée dans nos mémoires : « J'aurais aimé ne jamais me réveiller ! » Ouf !

« Bonne matinée ! » dis-je à mon mari, aussi choqué que moi. Il y a des moments où l'humour et l'autodérision sont nécessaires...

Je demande à Louise d'aller dans sa chambre, car je préfère finir mon petit déjeuner tranquillement et lui mentionne que j'irai la voir après. Je sens la tristesse et la colère monter en moi. J'exprime mon état d'âme à mon mari : « Je n'ai pas mis des enfants au monde pour entendre une phrase pareille. Je trouve cela difficile à entendre et surtout à digérer ! »

Une bonne demi-heure plus tard, je vais la rejoindre. Louise pleure à chaudes larmes. Je lui fais part qu'elle a le droit d'être triste, d'être en colère, souffrante, d'en vouloir à son amoureux, à ses parents, à la terre entière, à elle-même, mais qu'elle n'a pas le droit de rester dans cet état-là, car je ne l'approuve pas.

Je ressens son désarroi comme une errance, sans issue à son mal-être, mais le rêve de ma mère, la nuit d'avant, est venu me donner une clé importante. J'avais retenu la phrase suivante : « Donne-lui un délai pour pleurer et si cela n'est pas terminé après le temps imparti, tu prendras les mesures nécessaires. »

Je fais part à Louise de la suggestion de sa grand-mère, qui a toujours été de bon conseil, et lui dis que je lui donne jusqu'au 30 mai pour « pleurer ». Il reste donc un peu plus de trois mois et demi. Cela me semble correct.

Le temps passe et Louise n'arrive pas à sortir de cet état-là. Elle perd sept kilos, au passage. Étant déjà un poids plume, elle vit une forme de « décadence » sous nos yeux. Cette situation ne fait que conforter mon idée de prendre une décision qui va, je l'espère, provoquer un nouvel élan.

Mais vais-je prendre la bonne décision ? Et si je me trompe et la fais encore plus souffrir ? Mon mental se met à « turbiner » et après plusieurs minutes, je dis « STOP ! » Je mets un frein au saboteur en moi. Je demande à être guidée au mieux pour trouver la solution la plus appropriée afin de favoriser un « déclic » chez Louise et la réveiller de ce long cauchemar.

Je parle avec mon mari et ses deux sœurs de cette situation. L'idée me vient d'offrir à Louise un voyage en Irlande pour ses 20 ans qu'elle fêtera le 7 juin. C'est parfait, car la date « butoir » du 30 mai approche. Je me mets donc en recherche, même si Marnie, sa grande sœur, trouve cela un peu dur comme décision. Je mentionne à Marnie que je n'envoie pas sa sœur dans un pays en guerre, que l'Irlande l'a toujours attirée et que cela répondrait au moins à un de ses souhaits.

Aussitôt dit, aussitôt fait ! En surfant sur Internet, je décroche un vol pour Dublin, incluant une semaine en auberge de jeunesse, petit déjeuner compris. Pour le reste, ce sera l'aventure !

La famille au complet est donc au courant, sauf la principale intéressée qui ne le saura que le 30 mai. Nous sommes le jour « J » et annonçons la bonne nouvelle à Louise : « Puisque tu n'aimes pas la vie, nous ne célébrerons pas tes 20 ans en famille. Voici un séjour en Irlande d'une semaine où tu pourras prendre le temps de te retrouver. » On se croirait un peu dans Kho-lanta quand le présentateur annonce : « La sentence est irrévocable ! »

Louise est envahie par plusieurs émotions successives :

- joie : « Youpi ! c'est un pays où je voulais aller ! »
- tristesse : « Je ne serai pas avec vous le jour de mes 20 ans... »
- peur : « C'est mon premier voyage toute seule, comment vais-je y arriver ? »
- doute : « Je suis déjà souffrante. Est-ce que cela ne va pas en rajouter ? »
- surprise : « Au final, c'est une belle surprise. Je vais essayer de relever le défi ! »

Après avoir traversé ce que j'appelle « le yo-yo des émotions en famille », nous revenons à l'organisation concrète et partons acheter un sac à dos, car le départ est imminent. Une atmosphère plus légère est palpable dans la maison. Ça sent le vent du changement.

Au fond de moi, je sais que c'est la bonne solution, car j'ai toujours pensé que pour « se retrouver » et « se réparer », l'idéal est de se défaire des paramètres environnementaux et là, il semble que plusieurs conditions soient réunies pour que le « miracle » opère ! Loin de la famille, un autre pays, une autre culture, une autre langue, une autre alimentation... Une sorte de mise à nue pour retrouver l'Unité.

Départ pour l'aéroport un peu silencieux, mon mari et moi accompagnons Louise vers ce que nous pourrions appeler « le voyage des retrouvailles avec elle-même ». Nous lui mentionnons que c'est parce que nous l'aimons que nous avons pris cette décision et sommes heureux pour elle. Je lui glisse, au passage, une information reçue quelques jours avant par ma guidance : «Tu vas renouer avec une de tes vies antérieures.» Elle nous quitte les larmes aux yeux, mais confiante, car elle sait que nous avons fait le meilleur choix pour elle et pour nous.

Et la vie reprend son cours…

Une semaine plus tard, arrivée de Louise arborant un grand sourire. Elle est radieuse ! La transformation est visible autant sur son visage que dans sa démarche : plus dynamique et enthousiaste, pleine d'entrain et de vitalité.

Mission accomplie ! La vie nous montre que même si parfois, les décisions sont difficiles à prendre et paraissent dures, en se détachant de l'affect, nous faisons un choix par AMOUR et cela devient juste pour tous. L'harmonie et l'équilibre se rétablissent.

Voici un tableau afin de se situer ou de discerner si nous sommes dans « l'affection » ou dans « l'amour ».

Attention : inutile de se juger !

Affection	**Amour**
Attachement	Détachement
Liens, attaches	Coupure des liens et des attaches
Emprise / Méprise	Libération / Respect
Culpabilité	Responsabilité
Coupable (habileté à recevoir des coups)	Responsable (habileté à recevoir des réponses)
Prison émotionnelle, mentale, physique	Liberté d'être et d'agir
Triangle de Karpman	Trinité (Alignement Corps - Âme - Esprit)
Croyances	Foi
Croire	Croître
Diable	Dieu

Pour différencier les deux parties, je vous invite à regarder les deux cartes de tarot ci- dessous afin d'avoir une autre lecture de compréhension. Pour certains, le visuel impacte plus : « une image vaut mille mots ».

Carte 15 – Le Diable

Trois personnages font référence au triangle de Karpman. Celui d'en haut représente le diable et détient le pouvoir. Il tient un flambeau dans sa main droite et les doigts de sa main gauche montrent deux « V » en signe de double victoire. Le feu est soit constructeur ou destructeur. Sa tête est surmontée de deux grandes cornes tournées vers le bas. Une étoile, la pointe tournée vers le bas, nous montre la connexion inversée. Deux personnes au-dessous du Diable sont sous son emprise (liens et attaches). Soumission = sous mission. L'emprise et la méprise sont souvent en lien avec le rejet et/ou l'humiliation qui sont des blessures d'âme. Deux petites cornes ont commencé à pousser sur leur tête. Cela démontre bien la prison mentale qui transparaît sur l'émotionnel et le physique (déprime : têtes tournées vers le bas, corps dénudés et grisonnants, en train de tomber malades).

Tant que je ne prends pas mon pouvoir et ma responsabilité, je suis victime de quelqu'un ou de moi-même (avec mes schémas de fonctionnement). Je vais donc attirer un bourreau et/ou être le bourreau de moi-même.

Je suis souvent prisonnier de mes propres croyances. Donc la vie (mon âme) va m'envoyer le scénario idéal pour me faire grandir et reprendre ma place.

Carte 16 – La Maison Dieu

Une tour qui s'écroule avec une ouverture par le haut, comme si la toiture cédait (ce qui correspond à la tête). On voit un éclair, la foudre (le feu) s'échappe et le soleil fait son apparition. Deux personnages sont habillés, et non dénudés comme sur la carte 15, et se libèrent par le haut de la tour et non par la porte du bas. Cela laisse à penser que la libération se fait par des prises de conscience (tête).

De jeunes pousses au sol laissent à penser que tout repousse après un incendie (quand on croit qu'il n'y a plus d'issue ou que l'on a tout perdu). La vie reprend son cours et peut redevenir prospère.

Un nouvel état d'esprit se met en place et une pluie de bénédictions est accordée, représentée par les gouttes d'or se détachant du soleil. Croire en soi et en personne d'autre que soi. Nous sommes des créateurs si nous travaillons au service de notre lumière et non au service de la lumière des autres.

Le Diable détenait le feu afin que nous transmutions cette énergie en feu créateur et non destructeur. Il est tellement plus facile de se rendre malade plutôt que de s'autoguérir par des prises de conscience. Ainsi, on alimente la fatalité alors qu'elle n'a de sens que si on lui en accorde. Plus je remets mon pouvoir entre les mains des autres, plus je m'éloigne de moi, moins je suis reliée à mon cœur, à qui je suis.

Un grand initié a dit : *Je suis le Chemin, la Vérité et la Vie*. Il n'a suivi le Chemin de personne, mais le sien. Il est resté fidèle à sa Vérité et il était pleinement dans sa Vie.

Il incarnait ce qu'il était : «Je Suis» du verbe Être et non «Je suis» du verbe Suivre.

Si je suis mon chemin, je suis dans ma vérité. Ainsi, je suis dans ma vie. C'est une des clés de libération que j'ai comprise en pratiquant la marche en conscience.

Marcher vers soi pour se trouver ou plutôt se retrouver. Aller à la rencontre de sa véritable nature pour être au plus près de soi donc plus juste envers soi. Être en accord avec soi amène une paix intérieure, car on ne va pas à contre-courant et on se laisse porter par le flux de la vie.

Croire en soi et non en quelque chose d'extérieur à soi, avoir FOI en qui nous sommes, c'est en ce sens que nous sommes «Dieu». Ce Dieu qui crée les miracles, car il a conscience qu'en étant pleinement dans le mouvement de la vie, IL EST LE MIRACLE puisqu'il porte la vie.

Il n'y a pas de séparation entre Dieu et nous. Cela est une illusion générant la souffrance. Tant que nous croyons à cette séparation, nous alimentons la Dualité et cette dualité entraînera toujours la même chose : un duel et un combat avec nous-mêmes, donc avec les autres et on retombera dans ce triangle infernal :Victime-Bourreau-Sauveur.

Ne rien chercher à l'extérieur, mais retourner vers l'intérieur pour aller faire des « épousailles » avec soi-même. Retrouver l'Unité, c'est faire la paix avec soi-même, et là où règne l'Unité, il y a plénitude.

Souvent on me demande : « Quelle est ma mission de vie ? » Je réponds : « être ». Il s'agit sans doute du plus grand défi que nous nous sommes lancé. Ne nous mettons pas de pression, car si chaque jour nous faisons de notre mieux, c'est déjà beaucoup.

On nous a tellement appris qu'il fallait aimer les autres avant soi-même que l'on entraîne sournoisement un désamour de soi. Il est tellement plus facile d'être bienveillant envers autrui plutôt qu'envers soi… Cela revient à sortir du célèbre schéma abordé dans de nombreux livres, le triangle de Karpman :

SAUVEUR

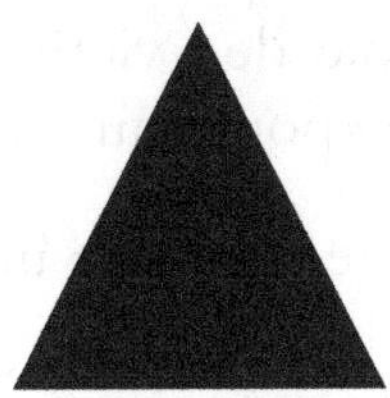

BOURREAU **VICTIME**

Nous expérimentons tous ce triangle à un ou plusieurs moments de notre vie soit :

- au foyer : relations parents-enfants, frères et sœurs…;
- en amour : relations conjugales;
- en amitié : relations de longue date ou récentes;
- au travail : relations avec notre patron ou nos collègues.

Il est très facile de s'y laisser prendre, car notre éducation étant d'aider notre prochain, nous traçons une autoroute pour y aller tout droit. Il s'agira d'identifier le rôle à jouer, même si nous les jouons tous les trois à tour de rôle : Sauveur–Victime–Bourreau, et de mettre des actions en place pour en sortir. Nous pouvons rester des jours, des semaines, des mois, des années dans ce triangle très inconfortable.

Je crois profondément que nous avons tous le moyen d'en sortir à un moment donné et de nous poser la question : «Ai-je assez souffert?» Parfois, la réponse est «non». Alors, j'y reste encore et il en est ainsi. Et quand la réponse est «oui», alors j'utilise toute mon énergie à mon service et je me sauve moi-même. C'est ma responsabilité. C'est un engagement que je prends envers moi-même. C'est un devoir et j'en ai le droit.

Vous connaissez la phrase : «Après tout ce que j'ai fait pour toi!» Elle en dit long sur le rôle de «victime» qui, voulant «sauver» quelqu'un, est devenue le «bourreau» d'elle-même.

Je me souviens d'une mère qui avait un fils unique. Suite à une mésentente, ils se sont fâchés et il a pris la décision de ne plus lui parler. Cette maman me dit : «Après tout ce que j'ai fait pour lui!» Je lui réponds : «Et si vous en aviez trop fait?» Elle s'est alors mise à pleurer. Oui, cette mère aimait son enfant et a voulu lui donner le meilleur jusqu'à se sacrifier pour son bien-être, et non le sien. C'est en ce sens que nous devenons le bourreau de nous-mêmes. Nous franchissons une limite qui se retournera contre nous. Elle a cru bien faire puisque nous voulons faire de notre mieux. Nous voulons voir nos enfants heureux. Donc, nous croyons qu'en répondant à tous leurs besoins, ils iront bien.

Le réflexe majeur est toujours d'en vouloir aux autres, car il est difficile, au premier abord, de nous remettre en question. Notre mécanisme est d'en vouloir à autrui. C'est en ce sens que nous pouvons mettre en place le « Pardon ».

Pardonner = donner sa part. Mais je vais commencer par moi, car c'est moi-même qui me suis maltraitée. Je me donne ma part ou « par » le « don » à soi. Je me pardonne. Je te pardonne Je pardonne.

Je me pardonne

Il me faut une sacrée dose d'amour pour me pardonner d'avoir attiré tel scénario ou telle situation dans ma vie et je me dois de commencer par moi.

Je te pardonne

Je parle au « bourreau » en moi. Il s'est maltraité et a attiré, à certains moments, un « bourreau » extérieur.

Je pardonne au « sauveur », à la « victime » et au « bourreau » que je suis, afin de ne plus attirer dans ma vie un tel scénario.

On nous a appris à demander « pardon » à autrui.

Le pardon passe par le cœur. C'est une réparation entre notre « moi » et notre « soi ». Si je me libère, par effet miroir, je vais libérer l'autre personne.

Je deviens « RESPONSABLE » de ma vie. Ainsi, je ne suis le **sauveur** de personne. Je me « sauve » pour n'être ni la **victime** ni le **bourreau** de moi-même ou de quelqu'un d'autre, d'où l'expression : « Je sauve ma peau ! » Là, je suis le véritable « sauveur » de moi-même !

La clé sera de se désincarcérer du triangle de Karpman pour aller dans son triangle que je nommerai : «Trinité».

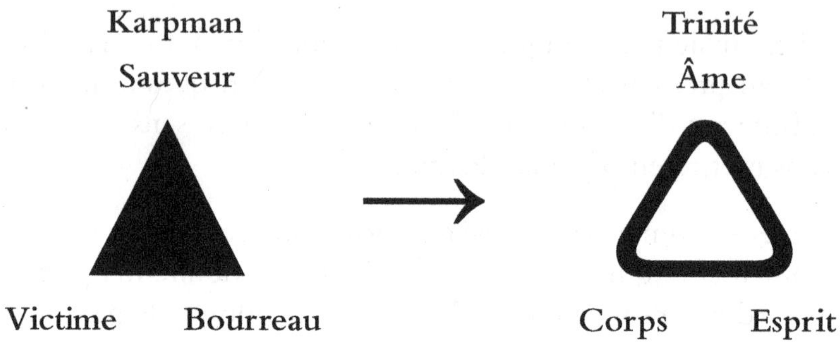

Je fais le travail avec la conscience que je me place au centre du triangle «Je suis». Je retrouve mon «Identité». Je me repositionne. Je suis à ma juste place et je reprends ma vie en main. Je suis en accord avec mon âme, mon esprit et mon cœur. J'incarne ma Trinité.

Le triangle a une base solide, un socle, une assise et plus ma base est solide, plus je peux m'élever avec la conscience que tout part de mon centre.

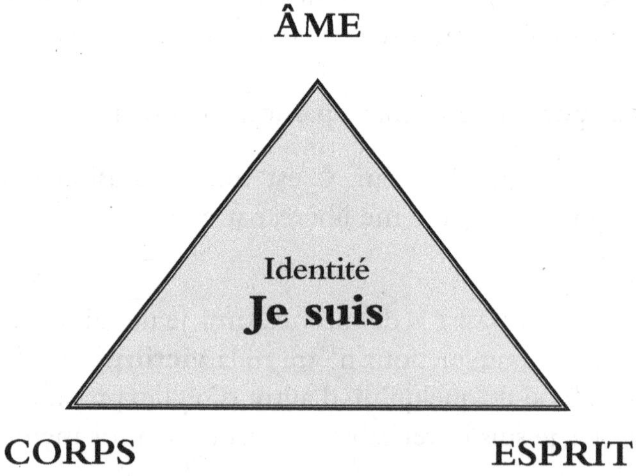

L'alignement m'amène la droiture, la verticalité.

Je suis en accord entre ce que je dis, ce que je fais et ce que je suis.

**En mon âme et conscience,
je fais le choix de me choisir
car je me respecte.**

Voici l'exemple le plus pertinent du «sauveur» que j'ai reçu en consultation. Il m'a fait prendre conscience à quel point l'humain était capable de s'oublier et se sacrifier pour autrui.

Une femme médecin généraliste au Québec vient me consulter depuis déjà trois ans avec ses trois enfants. Ayant tissé un lien particulier, c'est toujours une joie de nous revoir.

Lors d'une consultation, Brigitte m'informe qu'elle prend sa retraite. Je suis ravie pour elle, car après 42 ans de bons et loyaux services, c'est grandement mérité. Je sais que cette personne est à l'écoute et qu'elle est un excellent médecin. Elle sera sans aucun doute regrettée par ses patients. Je réagis :

– Super! Vous allez pouvoir profiter de vos enfants et petits-enfants, vous faire plaisir, voyager…

Ce à quoi elle réplique :

– Eh bien non! Je vais faire du bénévolat. J'ai besoin d'être utile et de servir les autres.

Je suis surprise de sa réponse. Je conçois que la transition n'est pas facile, mais je lui mentionne qu'elle a aidé autrui pendant un certain nombre d'années et qu'elle devrait penser à elle. Je la questionne :

– Combien d'heures par semaine envisagez-vous?

Elle me répond :

– Vu le nombre d'associations envers lesquelles je me suis engagée, cela équivaudra à mon horaire de médecin.

Alors là, les bras m'en tombent. Je suis soufflée et heureusement que je suis assise. Tout en lui parlant, je vérifie sa « mathématique ». Je me base sur sa date de naissance et l'année en cours et ce calcul me donne deux chiffres : « 13-4 ». Je lui fais remarquer :

– Brigitte, vous devriez «réviser la copie», car la mathématique laisse à penser qu'un problème aux os et/ou aux dents pointe à l'horizon. Alors une petite suggestion : soit vous levez le pied, soit la Vie le fera pour vous!

Sur ce, elle me questionne :

– C'est du chantage?

– Non, lui dis-je. Notre âme ne connaît pas ce mécanisme. Il est propre à l'humain. L'âme est bienveillante et veut le meilleur pour nous. Alors, à nous d'être à notre écoute et de nous respecter.

Brigitte me remercie et me dit : «Je vais essayer!» Nous nous quittons sur une note joyeuse, toujours avec l'espoir de nous retrouver l'année suivante.

Près de dix mois plus tard, je retourne au Québec. Brigitte a pris son rendez-vous annuel et je suis toujours ravie de revoir la famille. Mais là, le choc est apparent. Je n'ai pu cacher ma tête ni l'expression de mon visage. Nous pouvons cacher certains sentiments, comme la culpabilité. Nous souffrons en silence et cela ne se voit pas. Mais là, c'est physique, donc apparent : Brigitte a l'avant-bras droit en moins. Elle a été amputée suite à un accident de voiture! La sentence est très dure. Elle me ramène la feuille que j'avais annotée avec un dessin sur lequel j'avais inscrit :

« Bras gauche = Recevoir » « Bras droit = Donner »

Attention à ne pas créer un déséquilibre entre
le « Recevoir » et le « Donner ».

Le constat est sans appel : Brigitte ne pourra plus donner comme avant. Elle a pris conscience qu'elle devait se donner du temps et la vie l'oblige ainsi à recevoir.

RE – SE – VOIR : Se voir à nouveau ou autrement, se revoir.
Changer son regard sur soi et sur les autres.
Voir les choses sous un autre angle; voir la vie autrement.
Ainsi, je m'autorise à « RECEVOIR ».

Elle me confie avoir été envahie par une grande colère, car à ses yeux, ce n'est pas juste. Je la questionne :

– En colère contre qui ?

– Contre moi, car au final, j'ai été prévenue, mais je n'en ai pas tenu compte. Toute ma vie, j'ai donné et c'était normal pour moi de continuer, me dit-elle.

En fait, ce qui n'est pas juste c'est que l'on crée soi-même ce déséquilibre en nous. Nous ne sommes pas justes envers nous. Le « service » sert le « vice » ou serre la vis ! Cela sert qui au final ? Eh bien souvent, les « viscères » manifestent un SOS.

À nous d'être dans le juste, ni trop ni peu, mais dans la voie du juste milieu, celle qui ramène à l'équilibre, à l'harmonie, à la paix intérieure. Les extrêmes ne sont jamais bons !

Empathie et Compassion

Pas toujours facile de faire la distinction entre ces deux mots. Nous faisons souvent des amalgames et un grand manque de vocabulaire chez certains enfants et adolescents de la nouvelle génération risque de ne rien arranger.

J'ai souvent entendu des étudiants en médecine ou en science infirmière me dire qu'on leur demandait d'être « empathiques » et cela m'a toujours interpellée. Je crois être hypersensible aux mots et à leur sens.

Le mot « empathie » est composé du préfixe « em » qui signifie « dedans » et de « pathie », apparenté au grec « pathos » signifiant « souffrance, affection ». Ce mot porte l'idée de prendre la souffrance de l'autre, de prendre part ou pitié. Pour moi, cela fait écho au fameux triangle de Karpman : on rentre dans la souffrance de l'autre alors que cela ne nous appartient pas. Il est très facile de se retrouver dans notre quotidien avec ce genre de situation. J'appelle cela les « tests de la vie ».

Si j'avais eu de l'empathie pour ma fille Louise, je n'aurais pu prendre une telle décision et à mon sens, c'est quand on sort de l'empathie – de sa souffrance et de la mienne – que la solution apparaît, comme un recul et un détachement face à un ensemble émotionnel qui nous affecte et nous infecte.

Le mot « compassion » du latin « patior », qui signifie « je souffre avec » et du grec « sym patheia » = sympathie. Nous pouvons ressentir la souffrance de l'autre, mais nous allons y remédier avec sympathie et amour.

À mon sens, l'aide est plus efficace quand on ne rentre pas dans la souffrance de l'autre, comme s'il fallait dévier le *focus*.

Je prends souvent en exemple le film *Intouchables* où le soignant ne rentre pas du tout dans la pitié de la personne à soigner et cela devient une véritable leçon aux yeux de tous. D'ailleurs, il a connu un succès considérable. Je rappelle que c'est une histoire vraie.

Le soignant reste dans sa ligne de conduite et fidèle à lui-même. À aucun moment il ne prend pitié de la personne malade ou de son handicap et la « traite » comme un individu à part entière. Il a une grande compassion pour la personne à qui il apporte ses soins et évidemment, cela porte ses fruits. Il n'endosse pas le rôle de « sauveur », d'une « victime » de la vie et ainsi, il ne devient le « bourreau » de personne.

Le scénario nous montre que d'adopter la compassion est libérateur pour les deux parties et cette situation amène une belle dynamique pleine d'espérance. L'empathie nous amène dans une tristesse ou mélancolie alors que la compassion apporte de la légèreté et de la joie; on le voit très bien tout au long du film.

Je m'amuse toujours à regarder les anagrammes des mots afin de recevoir une clé de compréhension supplémentaire.

« Empathie » et « Compassion » n'ont pas d'anagramme parfaite; il reste une lettre à chacun des mots et cela me semble intéressant.

Empathie = Empiéta. Reste la lettre « H », la plus en équilibre de l'alphabet.

Ma déduction est la suivante : si j'empiète, par pitié de l'autre, sur le terrain de quelqu'un, je crée un déséquilibre en moi.

Compassion = Composais. Reste la lettre « N » que je traduirais par « haine ».

Ma déduction est la suivante : quand on est dans la compassion, on ne peut pas composer ou laisser place à la haine. Nul besoin de vous rappeler que la « haine » est l'opposé de l'AMOUR. Alors à vous de voir si cela résonne en vous. Quand on nous a enseigné qu'il fallait aider son prochain, on ne nous a pas indiqué toutes ces subtilités. Rien ne vaut l'expérience, le vécu qui nous amène à des compréhensions de notre être.

Plus je me comprends, plus j'aurai une compréhension des autres. Ce qui est fascinant, c'est que cela n'est jamais fini… hi ! hi ! hi !

Vouloir et Volonté

L'être humain est souvent dans le « vouloir », car il pense qu'en obtenant ce qu'il veut, ses besoins seront comblés et il sera heureux. On voit bien que ce bonheur n'est que de courte durée, car en fait, il ne comble pas ses besoins profonds, mais plutôt son *ego*.

Souvent, le « vouloir » rime avec « pouvoir », donc *ego* et c'est ainsi que nous interférons malgré nous dans les lois divines.

Si je me relie à mon cœur et que je « ressens » au lieu de « penser », il ne va déjà pas se manifester la même chose, car je vais plutôt être reliée à mes besoins profonds, à l'appel de l'âme, si vous préférez, et le résultat ne sera pas le même.

C'est ainsi que l'expression : « Il en sera fait selon les lois divines » prend tout son sens. Si je suis reliée au Divin qui est en moi, je suis reliée à un TOUT. Je suis en accord avec les lois divines et ainsi la Volonté divine opère.

En étant dans le « **vouloir** », je freine en quelque sorte la « **volonté** divine » qui est : ce qui est juste et bon pour mon évolution.

C'est un système d'engrenage bien huilé, d'où l'expression « ça coule de source ! », auquel nous envoyons des grains de sable – des pensées – qui vont cristalliser ou figer un processus d'abondance que le Ciel, notre âme, est prêt à nous déverser. Quand on ressasse ou on alimente de mauvaises pensées, les grains de sable se transforment en gros pavés et l'engrenage est souvent stoppé, figé.

Plus je nourris des pensées négatives, plus je leur donne de l'importance. Ainsi, le grain de sable du départ (première pensée négative) va vite devenir un caillou (si on nourrit cette pensée) qui empêchera le processus de se dérouler harmonieusement.

En clair, nous freinons l'abondance par nos pensées, et plus on est dans le « je veux », moins on reçoit ce que l'on veut. C'est comme se tirer une balle dans le pied. Si on s'abandonne à ce que notre âme veut pour nous, on s'en remet à la volonté du Divin et ainsi la manifestation opère.

Il n'est pas simple de s'abandonner à une force supérieure à nous tout simplement parce qu'elle n'est pas palpable et qu'on ne peut la conscientiser. Cela fait beaucoup de paramètres qui nous échappent et on s'entend que l'humain, dans du « contrôle », va alimenter la peur, les doutes et l'insécurité.

On confond souvent « s'abandonner » et « abandonner », car si on abandonne, c'est comme si l'on était résigné ou l'on perdait quelque chose. L'*ego* n'aime pas perdre, car s'il perd, il a l'impression de se déposséder.

Schéma Vouloir-Volonté

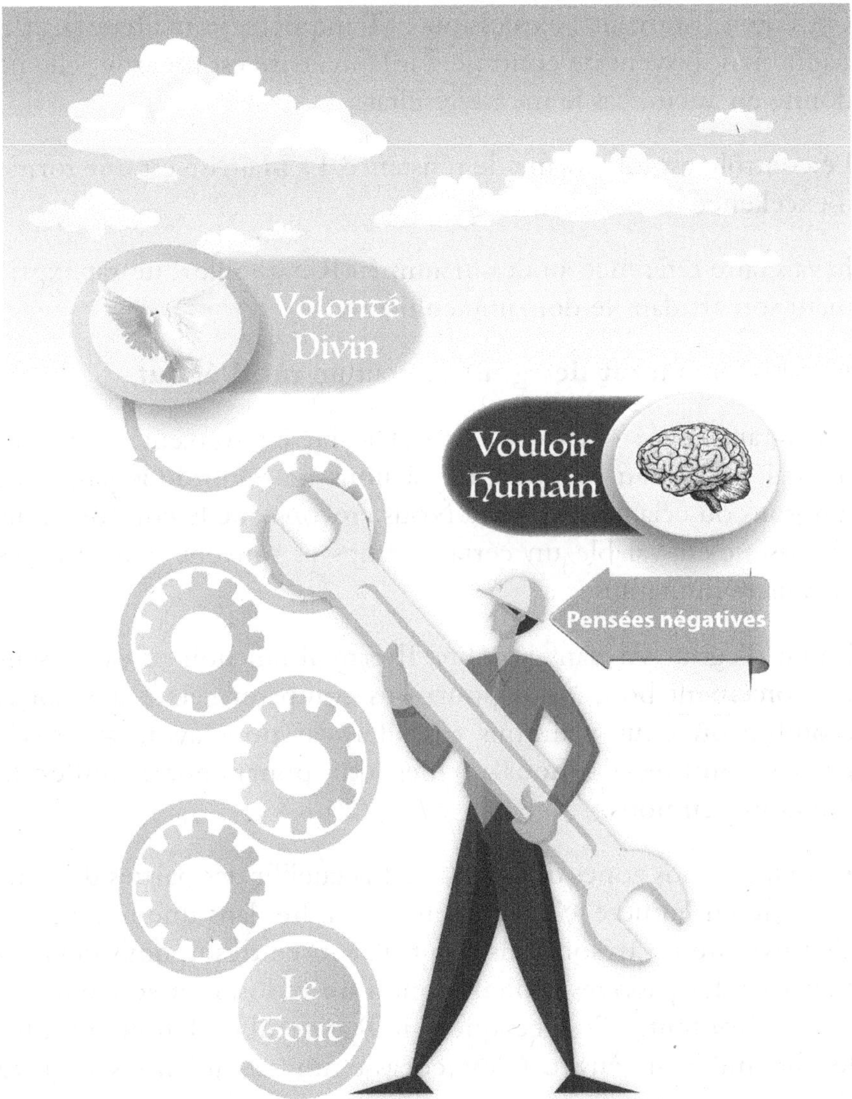

Un nouvel amalgame que l'on retrouve dans les croyances est le contrôle et la maîtrise.

On entend souvent l'expression : «T'inquiète, je maîtrise!» et il s'agit bien souvent de contrôle, car la maîtrise est un art et elle ne donne en aucun cas le même résultat.

Le contrôle est une forme de résistance. La maîtrise est une forme d'excellence.

Je vais faire référence au dessin animé « Ratatouille », un rat exprimant son art dans le domaine culinaire.

Avant d'être un **rat des goûts**, c'était un **rat d'égout**.

L'anagramme de « rat » est « art » et le rat est souvent associé au mental, à l'*ego*, au contrôle, car si nous ne contrôlons pas, nous ignorons où cela peut aboutir. Nous croyons que le contrôle nous sécurise; c'est valable un certain temps et souvent associé à des croyances limitantes.

Le rat d'égout vit dans l'ombre. Il erre, il fait noir et ça ne sent pas forcément bon. Nous pourrions comparer cela à nos zones d'ombre où nous n'aimons pas aller, car nous avons peur des parties sombres de nous-mêmes qui pourraient réveiller le « dragon » en nous.

Faire face à nos zones d'ombre, c'est accueillir des parties de nous à mettre en lumière, c'est un peu descendre dans une mine pour aller extraire un trésor, mais avant d'avoir ce trésor, nous devrons traverser des passages difficiles que l'on redoute et souvent qui nous déroutent. C'est ce que fait Ratatouille; il nous montre le chemin et il réussit. C'est cocasse, un rat qui nous montre l'exemple, pauvres humains que nous sommes!

En exprimant son art, il est mis en lumière. C'est ainsi que finit le film : le projecteur met en lumière un rat au service de son art.

Alors à nous d'exprimer ce que nous sommes venus « être » et non « FAIRE», à nous de retrouver le chemin de la Verticalité, de la droiture envers nous-mêmes.

L'année 2020 est l'année du rat de métal en astrologie chinoise. Alors à nous de prendre notre place et d'exprimer notre ART.

Une petite anecdote qui va bien résumer le vouloir et la volonté du Divin.

J'ai toujours aimé la Lune, ses mouvements et particulièrement la pleine Lune. Quand le temps me le permet et que je me l'accorde, je pars à la plage voir la magie de la Lune se lever sur l'eau afin de tracer sous mes yeux une route aux couleurs d'argent et en s'élevant plus haut dans le ciel, tracer une route aux couleurs de l'or.

Un soir, je me décide d'aller voir cette pleine lune et j'en informe, par un message vocal, mon amie Évelyne qui viendra peut-être me rejoindre à la plage de Sainte-Marie. Sur la route, je formule à voix haute : « Que la magie de l'Univers fasse son œuvre ! »

Mon désir d'aller voir la pleine Lune et de bénéficier de ses énergies me fait toujours du bien, mais on pourrait dire que je suis dans le «je veux voir la pleine Lune », tout en laissant une porte ouverte à la magie de l'Univers (Unis vers). Je ne sais pas ce qui est le meilleur pour moi, mais je suis convaincue que l'Univers sait. Alors, je laisse la magie (l'âme agit) opérer.

Arrivée quinze minutes plus tard sur la plage, mon amie me rejoint et je lui répète la phrase que j'ai dite à voix haute dans ma voiture. Sur ce, elle me répond : «Alors, la pleine Lune va être belle ! ». En fait, à cet instant précis, nous sommes toutes les deux dans des croyances limitantes. Nous sommes venues pour la pleine Lune. Donc, nous pensons que cela ne peut que concerner la Lune.

Tout en lui parlant, j'observe l'horizon et à ma grande surprise, je vois un dauphin jaillir de l'eau. Waouh ! Quelle joie ! Quelle surprise !

Je m'écrie : « Évelyne, il y a un dauphin ! » Ce à quoi elle me répond : « Oui, c'est ça ! » En fait, elle habite en bord de mer depuis plus de vingt ans et elle n'en a jamais vu. Donc, vous imaginez bien que cela n'est pas possible. Je lui indique où je l'ai vu et en lui montrant la direction, le dauphin fait un nouveau saut, comme dans les films ! La magie se manifeste. Nous avons pu le voir toutes les deux. Double joie à ce moment-là, car il y a la joie de l'instant et du partage.

Ni elle ni moi n'aurions pu imaginer cela, tout simplement parce que personne ne nous a rapporté avoir vu un dauphin à cet endroit-là, et si proche de la plage. Oui, il y en a au large, mais nous prenons alors un bateau pour aller les observer.

C'est en ce sens que nous sommes prisonniers de nos propres croyances et que nous nous limitons. En faisant une demande où je n'attends rien, car je ne suis pas dans le vouloir, eh bien je reçois ce que l'Univers a décidé pour moi. Cela me procure une grande joie. C'est de la magie à l'état pur.

L'Univers a répondu à mes besoins profonds et non à mon « vouloir ». Normal, car je m'en suis remise à sa « volonté » en m'abandonnant à quelque chose ou quelqu'un (je ne sais pas) de bien plus grand que moi qui va intercéder pour moi. Assurément, cela demande un certain « lâcher-prise » qui va finalement me permettre de recevoir ce que je ne peux penser, conscientiser ou imaginer. Ça vaut le coup d'essayer !

À l'intérieur de moi, il y avait un feu de joie, comme des bulles de champagne qui nourrissent mon être, mon cœur et mon âme.

Qu'il est bon de partager cette anecdote avec vous, car je le revis en même temps et cela me procure encore de la joie !

Savoir et Connaissance

Par mes croyances, j'ai souvent fait l'amalgame entre « savoir » et « connaissance ». Je pensais d'ailleurs que c'était la même chose.

Comme je n'ai pas fait beaucoup d'études, je n'ai pas de « savoir ». Mais souvent on me demande : « D'où détiens-tu ta connaissance ? » Ce à quoi je réponds : « Je sais pas, c'est comme si c'était en moi, comme si je l'avais toujours su. » On pourrait dire « inné » ou « né en » et dans le « néant », il y a le TOUT.

Je me dis souvent que je ne sais rien et parce que je ne sais rien, j'accède à un tout comme une banque de données à ma portée, un peu l'image d'un ordinateur, le « un » accède à un « tout ». Accéder à un tout ne veut pas dire que l'on sait tout, bien au contraire. On va apprendre en ressentant plutôt qu'en pensant.

Les citations suivantes ont toutes leur sens :

« Heureux sont ceux qui ont l'esprit simple,
car le royaume des cieux leur appartient. »
Expression proverbiale française d'origine biblique.
En effet, elle a été utilisée par saint Matthieu.

« Heureux soient les fêlés, car ils laisseront passer la lumière. »
- Michel Audiard

J'associe le « savoir » au cerveau gauche, la carte mémoire qui nous sert à enregistrer des informations. D'ailleurs, j'ai remarqué lors de mes ateliers que les gens qui avaient fait de longues études fonctionnaient plutôt avec leur cerveau gauche (la rationalité, la logique, l'analytique).

Ils analysent souvent tout ce que je dis et pour débrancher ce « mental », je fonctionne beaucoup par le « jeu » pour nous amener dans le « je ». C'est une gymnastique entre les deux cerveaux.

Le savoir est associé à l'intellect qui n'a rien à voir avec l'intelligence; là aussi on fait souvent l'amalgame. L'intellect est limité. On peut ingurgiter un certain nombre d'informations, mais le cerveau se sature, d'où l'importance de s'oxygéner pour faire de la place.

Le cerveau droit est en lien avec l'intuition, l'inspiration et est relié au cœur, d'où le côté instantané, spontané, comme un éclair de génie. « Eurêka, j'ai trouvé ! »

Le cœur est relié à la connaissance et la connaissance n'a pas de limites, comme une grande bibliothèque où l'on trouve toutes les informations. Plus on est relié au cœur, plus on peut accéder à cette banque de données. Mais pour cela, le mental ne doit pas interférer et là est toute la difficulté, car nous avons été conditionnés pour écouter les autres et pas soi.

À nous de mettre en place une rééducation de la conscience pour apprendre à ressentir et non à penser, et plus nous sommes dans le ressenti, plus nous sommes dans une action juste pour soi.

J'ai remarqué que les grands inventeurs qui ont révolutionné notre époque n'étaient pas forcément des gens qui avaient fait de grandes études. Ils se laissaient traverser par des éclairs de génie, ce qui a occasionné de grandes découvertes. Le « génie » est en nous. Soit « je nie » qui je suis, soit je deviens le « génie ». À vous de voir !

Évidemment, si mon cœur me dicte et que je me mets en action, celle-ci sera génératrice et porteuse d'une belle dynamique. J'ai souvent entendu dire : « J'ai raté telle opportunité ». Ce à quoi je réponds : « Dommage pour vous, car « opportunité » veut dire « aux portes de l'unité », donc faite pour vous. » Si on fonctionne en mode « pensée », on ne saisit pas l'appel de l'âme, car on a peur et si on fonctionne avec l'élan du cœur, on agit et la magie opère.

Il n'est pas négligeable d'avoir du « savoir ». C'est juste de savoir si cela sert l'*ego* ou s'il s'agit d'une plus-value qui se rajoute à la connaissance.

Longtemps, je ne me suis pas sentie crédible, car je n'avais pas fait d'études. Alors, je culpabilisais de connaître des choses sans avoir appris, mais on ne parle pas du même « savoir », car c'est un savoir qui est en dedans, que je n'ai pas lu. Les expériences de vie nous apportent la connaissance. C'est l'école de la sagesse.

Je prends l'exemple d'un enfant qui joue du piano à cinq ans comme un virtuose alors qu'il n'a jamais pris de cours et vous allez lui demander : « Comment fais-tu ? » Il vous répondra qu'il ne sait pas, pourtant il y arrive. Il sait que cela fait partie intégrante de lui, c'est tout. Il accède à une connaissance malgré lui et comme il n'est pas encore formaté par des croyances, il va jouer tant que cela lui fera plaisir et sans se poser des questions.

Les enfants sont de vrais enseignants. On a beaucoup à apprendre de par leur nature, leur spontanéité et leur authenticité, car ils sont dans la vérité.

Je clôture ce chapitre par cette citation d'Yōko Ogawa dans son livre *La Formule préférée du professeur* :

« Une autre merveille de l'enseignement du professeur était l'utilisation généreuse qu'il faisait de l'expression ne pas savoir. Ne pas savoir n'était pas honteux, car cela permettait d'aller dans une autre direction à la recherche de la vérité. »

Hasard ou synchronicité

Mars 2016 - Nous sommes invités au Népal, à Katmandou, afin de célébrer le mariage de Cyriac (Français) et de Dina (Népalaise). Nous aurons la chance, mon mari et moi, d'assister à trois cérémonies avec des rituels spécifiques, qui nous sortent complètement de nos schémas éducationnels, parentaux et religieux.

J'aime comprendre les autres cultures et traditions, c'est toujours une belle source d'inspiration. La richesse, c'est la diversité. Un voyage riche en couleurs, en saveurs, en odeurs et en bonheur !

Chacune des cérémonies a son rituel, protocolaire en apparence, mais en creusant, nous découvrons un sens profond mêlé à des symboliques qui m'ont souvent interpellée. Dommage que mon anglais soit médiocre, car j'aurais posé 36 000 questions. Mais après tout, qu'importe ? Cela m'a permis de rester dans le cœur et d'observer des moments magiques et inoubliables.

En 15 jours, nous passerons d'une culture chrétienne à une culture musulmane et nous poursuivrons avec les cultes hindouiste et bouddhiste, pas mieux pour travailler nos croyances ! Rien ne vaut l'expérience ! Dans ma tête, cela fait une série de yoyos et tout va tellement vite que le temps manque pour réfléchir et analyser. Vivre l'instant est le cadeau.

Rien de mieux que de sortir de sa zone de confort pour faire exploser nos croyances. J'adore ! Même si parfois, nous nous retrouvons dans des situations pas toujours confortables. La bonne nouvelle, c'est que nous trouvons toujours les ressources pour en sortir grandis.

Je souhaite évoquer la synchronicité, car ce voyage est majeur en ce sens.

Dès le mois d'octobre 2015, les mariés nous envoient par courriel une liste d'hôtels. À nous de choisir. Je passe en revue tous les hébergements et rien ne résonne en moi. Je décide de faire mes recherches. Opération bouclée : je réserve quinze jours dans le même hôtel même si mon mari et moi avons décidé de visiter le pays, inconnu pour nous.

Rendez-vous à l'aéroport de Roissy avec le marié, que je n'ai pas vu depuis plus de 15 ans, le père du marié et un couple d'amis, quelques membres de la famille. C'est parti pour un long vol !

Halte à Abu Dhabi. Le « hasard » fait très bien les choses, car aucun vol direct Paris-Katmandou. Le temps d'arrêt est suffisant, d'après Cyriac, pour aller visiter une des plus belles mosquées du monde, Cheikh Zayed, la plus grande des Émirats Arabes Unis et la neuvième au rang mondial.

Bonne nouvelle ! Les 200 mosquées locales sont interdites d'accès aux non-musulmans, mais celle-ci est ouverte pour les touristes. Belle aubaine que nous saisissons malgré une chaleur écrasante dès 10 h du matin. Mon mari, féru de photo, s'en donne à cœur joie et le séjour ne fait que commencer ! C'est un premier cadeau que de faire cette visite.

Retour à l'aéroport. C'est parti pour Katmandou. Un contraste flagrant entre les deux aéroports :

- Abu Dhabi : l'empire du luxe, design architectural unique, cinq étoiles;
- Katmandou : retour à une réalité très terre à terre où je me sens comme à la maison dès mon arrivée.

Quand on sort, ça grouille de partout. Bienvenue en Asie ! Heureusement pour nous, ayant déjà voyagé en Chine, nous sourions en voyant les regards de ceux qui découvrent ce continent. Vivons-nous bien sur la même planète ? Oui ! Une nouvelle aventure démarre…

L'hôtel avait, normalement, envoyé un taxi nous chercher à l'aéroport. Youpi ! Malgré la foule, nous réussissons à repérer son affiche – *Martin*. Le lendemain, nous découvrons que nous sommes dans le quartier le plus vivant de Katmandou (Thamel) et surtout que le lieu de rendez-vous qui nous sera donné chaque jour par les mariés pour visiter sera à proximité de notre hôtel.

Nous sommes très bien situés par rapport au reste du groupe et, chose non négligeable pour des gourmands et des gourmets comme nous, nos petits déjeuners sont succulents. Nous sommes choyés par la vie. Évidemment, nous en prenons conscience en discutant avec le reste du groupe.

Les visites s'enchaînent chaque jour et nous sommes émerveillés par ce pays. Nous accédons à des lieux uniques, de par le statut des parents de Dina, et mesurons la chance extraordinaire que nous avons. Nous ne sommes pas de simples touristes et nous nous « fondons » à la culture. Les mariés ont organisé ce séjour à la perfection. Nous allons de surprise en surprise. Difficile de retenir un moment, mais le lever de soleil à Nagarkot, à 2 200 mètres d'altitude, face à la chaîne de l'Himalaya et à l'Everest, waouh ! Le silence s'impose.

Lors de mon séjour, je demande au marié de rencontrer une chamane. Il se renseigne auprès de la famille puis revient vers moi me dire : « Ce ne sera pas une « chamane pour touriste ». » Très bien ! C'est parfait si c'est la chamane que consulte la famille.

Demande exaucée. Nous partons en brousse pendant plus d'une heure et arrivons chez une dame d'un certain âge. Juste en la regardant, on n'a pas envie de plaisanter ! Mon mari, très blagueur, se contentera d'observer attentivement et d'écouter ses merveilleuses incantations. Elle parle un dialecte qui sera traduit en hindi par la sœur de Dina, puis en anglais et Cyriac m'interprétera le message en français. Quelle expérience ! Unique !

Le plus étrange, c'est qu'elle me livre un message similaire à celui d'une Amérindienne rencontrée au Québec, dont une révélation spécifique par rapport à un bijou que la tribu québécoise m'a offert (une gravure particulière qui, étrangement, apparaît à chacun de mes voyages, comme un fil conducteur). Cela m'interpelle, c'est un double cadeau !

L'aventure continue...

Avant notre départ de France, je savais que Matthieu Ricard, moine bouddhiste, photographe, auteur français vivait une partie de son année à Katmandou. Mais dans cette ville de plus d'un million d'habitants, peu de probabilités de tomber nez à nez sur lui.

Je fais mes recherches sur place et avec mon mari, nous décidons de partir à l'aventure pour trouver où il vit. Didier, le père du marié, est très heureux de se joindre à nous et le couple d'amis aussi. Nous partons à cinq dans un taxi, genre tape-cul. Les fous-rires vont bon train ! Je mentionne au chauffeur « Shechen », puisque c'est la seule information que j'ai. À notre grande surprise, il nous dépose devant une clinique. Je demande au chauffeur s'il est sûr et il me dit que c'est bien là. Nous nous « désincarcérons » de la voiture, un peu comme des sardines sortant de leur boîte.

Après avoir longé un sentier, un magnifique monastère nous apparaît. De toute beauté : un jardin luxuriant, des stupas blancs immaculés, c'est le rêve ! Un moine avance vers nous, vêtu de sa robe safran, et nous lui demandons s'il connaît Matthieu Ricard. « Non ». Puis, un deuxième moine apparaît; il ne le connaît pas non plus. Le groupe finit par douter, mais mon ressenti me dit de ne pas lâcher le morceau.

Nous avançons vers le *Garden House*, puis une sorte d'auberge. Le réceptionniste nous accueille. Mon anglais relatif me sert à demander si Matthieu Ricard vit ici et surprise ! « Oui Madame ! Il vit ici, mais il est en voyage au Tibet. Il doit rentrer sous peu. » Une bonne nouvelle suivie d'une déception. Mais qu'à cela ne tienne. Nous sommes là et allons profiter de cet endroit magnifique. Avant de parler à ce monsieur, j'avais vu une affiche sur le comptoir qui offrait des massages ayurvédiques. Je demande à mes quatre acolytes s'ils sont intéressés. Autant joindre l'utile à l'agréable. Tous me répondent : « Après tout, pourquoi pas ? » Le réceptionniste passe un appel. Nous pourrons être massés tous les cinq en même temps. Génial !

Une personne vient nous chercher. Nous déambulons dans les ruelles, longeons le Bodnath, célèbre temple surmonté d'un dôme, et arrivons dans le lieu de massage. Je suis en salle avec mon mari. Nos deux thérapeutes sont gracieuses. Je glisse à mon mari que je suis convaincue de voir Matthieu Ricard avant notre départ pour la France.

Encore une belle expérience. C'est différent des massages traditionnels. On a l'impression qu'on va nous casser en deux, mais non. Nous ressortons pleins d'énergie et détendus pour la suite du séjour. Dès que je suis sortie de mon massage, notre hôte me propose un thé. Pendant que je le savoure, le téléphone sonne et il me fait signe. Je suis interloquée, car je ne connais personne dans ce pays. Qui peut bien m'appeler ici ? C'est le réceptionniste de l'auberge. Par chance, je comprends mieux l'anglais que je ne le parle. Il me dit : « Madame Martin, je me suis renseigné. Matthieu Ricard est rentré hier soir du Tibet. Il vous attend dans trente minutes pour prendre le thé dans son bureau. »

Youhouuuuuuuuuu !

Je suis tout excitée d'annoncer ce « miracle ». Mon mari, qui est à mes côtés, reste bouche bée, me regarde en disant : « Encore un de tes tours de magie ! »

Un fou rire s'empare de moi quand je vois arriver mes coéquipiers à la sortie du massage. Je me dis : « Dans quelle galère je les ai menés ou malmenés ? » Ils ne sont déjà pas habitués à se faire masser, alors inutile de vous décrire leur tête.

Mon mari et moi annonçons la bonne nouvelle. Ils croient à une mauvaise blague. Ils avaient abandonné cette idée-là dès le départ, mais pas moi. Ni mon mari d'ailleurs, car le fait de me voir aussi déterminée lui a permis d'espérer, lui aussi. Comme quoi l'espoir peut être contagieux !

Nous voilà fébriles à l'idée de rencontrer le célèbre Matthieu Ricard. Un moine nous attend près de l'école et nous accompagne à son bureau. Je commence par rentrer et je souris en voyant Didier dire : « C'est bien lui ! » Je suis remplie joie en partageant ce moment tous ensemble.

Matthieu Ricard nous demande de nous installer, car il est en train d'écrire un courriel à Alexandre Jollien, un de mes auteurs préférés – encore une synchronicité ! – pour lui dire qu'il est bien arrivé à Katmandou. Il se joint à nous autour d'un bon thé, échangeons sur ses photos, son dernier voyage, ses livres, son association, ses projets... Il est égal à lui-même, d'une extrême gentillesse, un sens de l'écoute, s'intéressant aux autres, accueillant et bienveillant.

Matthieu Ricard est le fondateur de Karuna-Shechen, une association à but non lucratif ayant, pour idéal, la compassion en action. Depuis 2000, Karuna-Shechen entreprend et gère des projets spécialisés dans la prestation de soins de santé primaires et de services éducatifs et sociaux aux populations défavorisées en Inde, au Népal et au Tibet.

J'ose lui demander, avant notre départ, d'immortaliser ce moment, ce à quoi il répond : « Nous aurons plus de lumière sur le balcon. » Parfait, nous le suivons. Il nous présente Dekyi Sangmo en nous disant qu'il attend depuis plusieurs mois un visa pour la France, car c'est elle qui s'occupera de sa maman âgée de 92 ans.

Je trouve Dekyi Sangmo très belle, une nonne au visage magnifique. Elle paraît timide et réservée. Je me décide d'aller lui prendre la main afin qu'elle soit avec nous sur la photo, comme quoi il faut toujours suivre son instinct ! À suivre…

Nous partons le cœur rempli de joie et d'émerveillement pour ce moment qui restera gravé dans nos mémoires.

La fin du séjour approche pour tout le groupe. Sur les conseils du père de la mariée et de Cyriac, nous choisissons de rester cinq jours de plus afin de visiter Lumbini. Nous aurons la chance d'y rester trois jours et deux nuits.

Lumbini est au sud, à la frontière de l'Inde et est considéré comme le lieu de naissance de Siddhartha Gautama, devenu par la suite Bouddha. Nous pouvons laisser nos affaires à l'hôtel et partir juste avec une valise cabine. Le climat est différent de Katmandou, plus chaud, plus tropical et nous y dégusterons à volonté des mangues, des bananes, des jus de canne à sucre... et surtout nous visiterons de merveilleux temples bouddhistes financés par plusieurs pays.

Retour à l'hôtel de Katmandou.

Le père de Dina nous avait informés qu'il voulait nous voir en privé, mon mari et moi, avant notre départ. Nous sommes surpris et honorés, car nous serons les seuls à avoir ce privilège. Un moment que nous n'oublierons jamais. Il y a la barrière de la langue, mais pas celle du cœur. Les yeux sont le miroir de l'âme. Instant de grâce !

C'est le départ. Nous arrivons à l'aéroport en avance, car vu le trafic de la ville, il vaut mieux être prudents. Dans le hall, nous patientons, flânons, buvons un thé, marchons avant d'être confinés. J'aperçois une femme, une nonne et je reconnais Dekyi Sangmo. Mon cœur s'emballe. Je vais voir mon mari et lui fais part de ma « trouvaille ». Ce à quoi il me répond :

– On a vu des centaines et peut-être même plus d'un millier de moines en quinze jours. Tu ne vas pas me faire croire que tu l'as reconnue ?

– Oui. Je sais que c'est elle. Quand je lui ai pris la main pour la photo, j'avais remarqué une cicatrice sur son front et elle l'a ! Je vais la voir et lui demander, lui dis-je.

Mon mari me laisse aller et me voit revenir avec elle. Vu mes lacunes pour dialoguer, j'ai cherché, sur mon portable, la photo prise au monastère. Le visage de Dekyi Sangmo s'est illuminé. Elle a fait la gestuelle « Namasté » et me suit pour aller rejoindre mon mari, stupéfait. Bingo !

Le cœur ne ment pas. À nous de le suivre comme un GPS.

Entre-temps, Dekyi Sangmo prend son téléphone pour joindre Matthieu Ricard et me le passe. J'hallucine, je parle au téléphone en direct avec monsieur Ricard ! La vie est surprenante, vous ne trouvez pas ?

Et voilà qu'il me dit : « C'est la Providence qui vous a envoyés. Voilà pourquoi nous nous sommes rencontrés. Est-ce que vous pouvez prendre soin de Dekyi Sangmo jusqu'à Paris où un ami viendra la retrouver ? Elle a deux grosses valises, une pour elle et une pour ma mère. Merci beaucoup. »

Vous l'avez bien compris : nous avons les mêmes vols dans les mêmes compagnies. Nous ferons une longue pause à Abu Dhabi ou Dekyi Sangmo est impressionnée par le contraste de ces deux pays. Prochaine étape, l'Europe; encore un choc des cultures. Je rends grâce à la vie pour toutes ces synchronicités. Le cadeau se poursuit : nous restons en lien malgré la distance.

Retour dans le Sud de la France, le cœur rempli de bonheur, les croyances chamboulées, les schémas de pensée au ralenti. Six semaines seront nécessaires pour que la vie reprenne son cours, mais rien ne pourra être comme avant.

Nous nous reverrons à Strasbourg pour la venue du Dalaï-Lama et ferons la belle rencontre de Yahne le Toumelin, mère de Matthieu Ricard, une dame remplie de joie et de spontanéité.

Je ne crois plus au hasard, mais plutôt aux synchronicités qui font que vous n'organisez plus rien. Le Ciel le fait pour vous à la perfection.

Ma définition de la synchronicité : coïncidence qui prend tout son sens en provoquant de l'émerveillement, de la joie, on pourrait dire un miracle.

Lâcher-prise - Accueillir

Y a-t-il vraiment une différence entre ces deux mots ? En apparence non. Je pourrais dire que c'est la même chose, mais en creusant un peu et en faisant une expérience, on pourrait aiguiser son discernement.

J'essaie de ne pas employer le mot « lâcher-prise » dans mon quotidien, car je le trouve « dur ». Je sens plus de douceur dans le mot « accueillir » qui va aller dans une énergie de « recevoir », de voir les choses autrement.

Ai-je vraiment quelque chose à lâcher ? Ou plutôt, j'ai tout à recevoir et accueillir ce qui est.

Quand je suis dans l'accueil, je ressens une notion de confiance, mais quand je suis dans le lâcher-prise, je perçois une notion de méfiance ou de peur.

Si je tiens entre mes mains un bijou précieux ou qui a une certaine valeur sentimentale à mes yeux et qu'on me demande de le « lâcher », je vais avoir le réflexe inverse à savoir le retenir ou le serrer. Je ne peux tout simplement pas lâcher, car mon cerveau est sur une défensive, un mode protection qui va encore plus m'amener dans le contrôle et dans les peurs.

Je fais la même expérience en tenant ce précieux bijou dans mes mains et si l'on me demande de recevoir, je vais peut-être sentir une notion de confiance. Mon cœur s'ouvrira à ce que j'appelle le champ des possibles.

Tout part de mon état d'esprit; il va créer l'ouverture ou la fermeture. À nous d'employer le bon mot pour attirer la bonne fréquence, car les mots sont des vibrations.

Quand on emploie la notion de «lâcher», c'est laisser tomber, perdre, céder, rompre, abandonner et le cerveau sera sous emprise, car il veut contrôler, d'où le mot «prise» : emprise, prisonnier, pris au piège (anagramme «pires»). Je rajouterai que si, en plus, je veux lâcher prise, c'est pire, car il y a la notion de vouloir, donc de pouvoir. C'est pas gagné!

Avec le mot «accueillir», aucune résistance, mais de la douceur. Accueil de ce qui est, ne rien attendre et recevoir le meilleur. À cueillir, à prendre (ou apprendre...).

À nous de ressentir et d'utiliser les bons mots afin de ne pas alimenter nos maux.

Ombre et Lumière

Novembre 2017. Un rêve pas comme les autres va se manifester, une initiation, comme si je passais l'épreuve du feu !

La veille, je prends l'avion pour le Québec et ce vol Paris-Montréal connaît des perturbations, ce qui est inhabituel. Je me dis que mon séjour ne sera pas de tout repos, avec sans doute des désagréments et des zones de turbulences. Les signes sont parfois tellement gros qu'on ne peut les nier.

Je me couche avec une certaine appréhension, ce qui donne le ton, car ce n'est guère dans mes habitudes. On pourrait dire que j'ai un sommeil de « bébé ». Je suis de nature à très bien dormir et j'ai besoin d'une certaine dose de sommeil (9 à 10 heures par nuit) pour être en pleine forme le lendemain.

Ce rêve va se dérouler en trois parties :

Je suis seule dans une salle de style japonais et je regarde autour de moi. Aucun meuble. Je suppose que c'est une pièce qui sert aux arts martiaux, car il y a des tapis au sol. J'aperçois une ombre qui longe un couloir et un samouraï tout de noir vêtu entre dans la pièce où je me trouve. Il tient deux sabres dans ses mains, qui ressemblent plutôt à des machettes, car la lame est épaisse, courbée et très tranchante.

Il se présente devant moi et me dit :

– Je veux combattre.

Je suis surprise de cette situation et lui réponds :

– Je n'aime ni le duel ni le combat.

Il rétorque :

– Si tu ne combats pas, je te tranche la tête !

Je sens la peur monter en moi. Je respire et lui explique :

– Je n'ai jamais appris à manier le sabre et ce n'est pas juste, car toi, tu pratiques cet art.

– Tu dois combattre, insiste-t-il, d'un air ferme en me tendant le sabre.

Il recule de trois pas et enlève la protection en cuir de son sabre. Je tremble, mais j'acquiesce à sa gestuelle, sans chercher à comprendre. Je reste dans mon optique de ne pas combattre et en levant la tête, j'aperçois la lumière du soleil tracer un faisceau face à moi. Il me vient instantanément à l'idée de me servir de cette opportunité. Le soleil reflète sur la grosse lame, créant une forme de laser et va droit dans les yeux du samouraï qui tombe, aveuglé par la lumière. Je lâche le sabre, encore sous le choc. Mon cœur s'emballe, j'essaie de respirer au mieux pour me remettre de mes émotions. Le moment de répit ne dure pas longtemps, car un deuxième samouraï fait son apparition. Je respire à nouveau profondément et je sens que le processus va se corser.

Il se présente à moi de la même manière, avec deux sabres. La lame est fine, environ deux centimètres de largeur et un mètre de longueur. Instantanément, je me dis que je ne peux pas me servir de la même méthode, mais je n'ai pas le temps de réfléchir.

Il se présente devant moi et me dit :

– Je veux combattre.

Je réponds comme précédemment :

– Je n'aime ni le duel ni le combat.

Il rétorque :

– Si tu ne combats pas, je te décapite !

Le message est clair. Je me surprends à rester calme et répète :

– Je n'ai jamais appris à manier le sabre et ce n'est pas juste, car toi tu pratiques cet art.

Même processus. Il recule de trois pas, retire la protection. Je sais que je dois être d'une extrême vigilance et surtout ne pas « mentaliser » afin de ne pas rentrer dans mes peurs. Mes yeux sont attirés vers la porte laissée entrouverte. Je me surprends à dire intérieurement :

– Aidez-moi ! Je ne veux pas combattre. Cela ne me ressemble pas !

À cet instant, des centaines de gros papillons « Monarque » font leur entrée et entourent le samouraï. Il ne peut plus voir, car ils visent principalement ses yeux, ses oreilles, son nez, sa bouche. Ils entravent tous ses sens. Je ne vois plus sa tête. Il gesticule pour chasser les papillons, mais rien n'y fait. Il tombe à terre. Je m'approche de lui, l'observe, récupère son sabre et je respire pour ralentir le rythme de mon cœur.

Je sens un danger plus grand s'approcher et l'expression « jamais deux sans trois » me vient à l'esprit. Cela s'avère exact. L'ombre est rusée et va jouer sur ma phobie principale depuis des années : les serpents.

Un troisième personnage vêtu de noir entre, un plateau dans sa main droite où je peux voir un cobra noir luisant enroulé sur lui-même, la tête droite. L'homme ressemble à un serveur de bar qui va venir servir ma boisson ou mon repas préféré ! Il me dit : « On connaît ta phobie, c'est l'heure de ta mort.»

Je n'ai pas le temps de réfléchir qu'il lance le serpent vers moi. Le cobra se met en lévitation face à moi et j'entends : « Fixe ses yeux, ne le lâche pas du regard et garde le *focus* sur ta lumière.» Mes jambes flageolent, mon corps tout entier se contracte, mon cœur va lâcher, mais je tiens bon. J'ai mal aux muscles des yeux tellement mon regard est fixé vers le cobra.

Le serpent finit par céder, se retourne vers le samouraï, estomaqué, bouche bée. Le cobra profite de cette ouverture et s'engouffre dans sa gorge. Ce sera la mort de mes deux ennemis.

Je me réveille d'un bond, mon pyjama trempé, mon cœur qui bat à un rythme effréné. C'est terminé.

Les lumières de la pièce s'allument d'elles-mêmes, semble-t-il. Rêve ou réalité ? Enfin, parlons plutôt d'un cauchemar. Parfois nos rêves sont initiatiques et celui-ci en est un. J'ai toujours eu du mal à croire que l'ombre existait. Je dois me rendre à l'évidence et ce rêve était annonciateur de bien des péripéties que j'ai vécues dans mon voyage.

Oui, certaines personnes sont malveillantes, « mais tout finit par se savoir ! » dirait ma mère. Ce rêve a aussi nettoyé des facettes de moi-même, des zones d'ombre à transmuter.

Ce que j'ai retenu, c'est que nous devons rester fidèles à notre vérité, à notre droiture, car malgré mes doutes et mes peurs, j'ai refusé le combat. Je suis restée dans ma ligne de conduite. Quitte à mourir, autant mourir dans la dignité !

Jésus m'avait dit, un jour de septembre 2005 : « Reste fidèle à ta vérité ». Je n'avais pas compris la profondeur de ces paroles, mais ce rêve a donné un sens compréhensible qui me sert encore aujourd'hui. Et pour information, je n'aime toujours pas le combat.

Combattre, c'est qui le «con» que l'on veut battre? Convaincre, je n'ai personne à convaincre; c'est qui le «con» que l'on veut vaincre?

Je suis la voix de mon cœur, car lui seul sait le chemin de la Vérité et en ce sens, chacun détient sa vérité si chacun se relie à son cœur.

La peur ou l'Amour

Devons-nous faire un choix entre la peur ou l'Amour ?

Et si, grâce à la peur, nous accédions à l'Amour ?

Affronter ses peurs, les accueillir, les regarder, sans prendre la fuite ou la poudre d'escampette. Avec humour, quand je sens la peur monter en moi, je lui sers un verre de vin.

Un verre pour la peur et un verre pour moi. Nous trinquons ensemble pour voir ce que cette peur a à me dire. Généralement, ce n'est pas si dramatique. Mon mental a vite fait de dresser un scénario, de supposer ou de projeter ce qui amplifie la peur à la vitesse grand V et m'éloigne de l'Amour.

Plus de 80 % des suppositions et des projections ne servent à rien. Cela signifie que j'ai dépensé une énergie considérable pour alimenter un scénario qui n'aura jamais lieu. Pendant ce temps-là, je ne vis pas l'instant présent et je passe à côté du cadeau. Ne disait-on pas un « présent » en un temps pas si lointain ?

Oui, le présent est un cadeau, car dans le présent, nous ne pensons ni au passé ni au futur et dans cet instant, la grâce se manifeste, l'amour refait surface.

Apprivoiser nos peurs, c'est transformer nos croyances et aller dans une forme de pureté. Anagramme de « peur » = « pure ». Transmuter l'ombre en lumière.

Regarder le « dragon » en face plutôt que l'ombre derrière lui, c'est déjà un grand pas en avant, d'où l'expression : « N'en fais pas une montagne ! » Ai-je peur de moi ou de mon ombre ? Tant que je n'ai pas mis en lumière cette face cachée de l'iceberg – moi-même – je ne me connais pas.

Affronter ses peurs, c'est apprendre à se connaître pour arriver à se reconnaître. Et si la peur avait lieu d'être et d'exister pour nous mettre face à notre réalité, face à ce que nous sommes vraiment ?

Dans l'accueil de ce qui est et lors de ce face à face apparaîtra une nouvelle facette de notre visage. Sans cesse, nous « nettoyons » la face cachée de notre âme afin qu'elle devienne Lumière. Chacun va à son rythme. Avec bienveillance et amour, nous avançons vers nous.

Mettre ses peurs en Lumière, c'est emprunter un chemin de guérison. Nous avons tous les ressources, car nous sommes tous nés, sans exception, avec cette partie divine qui s'appelle : AMOUR.

La maladie – Le mal a dit L'âme a dit

La maladie est-elle le fruit du hasard ? Une malchance ? Un mauvais coup du Ciel ? A-t-elle une juste raison de se manifester ? Est-elle une fatalité, sachant qu'elle n'a de sens que si on lui en accorde ?

Quand je parle de « maladie », j'inclus les blessures, les accidents, tout ce qui ralentira ou « arrêtera » notre corps physique.

À mon sens, la maladie n'est que le témoin lumineux d'un dysfonctionnement ou d'un désaccord entre notre âme, notre corps et notre esprit. Je suis convaincue que tout part d'un problème émotionnel que la personne n'a pas pu ou su gérer, « une goutte d'eau qui a fait déborder le vase ! » dit l'expression.

Si nous apprenions, dès l'enfance, à canaliser ou à vider nos émotions, nous éviterions bien des dégâts. À ce sujet, le chapitre sur l'écriture spontanée pourra vous intéresser et si c'est le cas, à vos crayons ! S'exprimer oralement ou par écrit, afin que nos maux soient libérés par des mots, s'avère un exercice salutaire.

«Tout ce qui m'affecte, m'infecte». Alors, il est bien évident que l'on crée un foyer infectieux, une inflammation ou une maladie en devenir.

Tout ce que je n'ai pas intégré dans mon cerveau ne sera pas digéré par mes intestins (anagramme de « cerveau » = « évacuer » ou anagramme de « esprit » = « tripes »).

Ne dit-on pas :

- « Ça me prend la tête » pour faire référence au cerveau ou
- « Je ne l'ai pas digéré ! » pour faire référence aux intestins (quand on apprend une mauvaise nouvelle qui nous affecte) ?

Quelques expressions feront l'objet d'un chapitre un peu plus loin dans ce livre.

Au début, on ne trouve pas toujours le sens; c'est comme dans toute épreuve, d'où l'importance de respecter les trois phases :

- Accueillir;
- Accepter;
- Réparer.

En avançant sur le chemin, tout va prendre sens et parfois, c'est quand nous sommes libérés de l'épreuve que nous en trouvons et comprenons le sens. À nous d'être patients et compréhensifs. Chacun avance à une vitesse différente. La compréhension est parfois plus longue chez certains, mais qu'importe ? L'essentiel est d'être sur le chemin et de vivre ce cheminement en conscience.

Je n'ai jamais vu autant de maladies dites « **auto-immunes** » depuis ces quatre dernières années. Cela a, bien évidemment, attisé ma nature curieuse.

- « **Auto** » : le corps est le véhicule de l'âme, c'est notre « auto »;
- « **Immune** » : notre immunité ou plutôt notre système immunitaire, ce sont les batteries de notre véhicule, en quelque sorte.

L'immunité : L'hymne à l'Unité

Et si cette maladie auto-immune nous invitait à nous retrouver? Puisqu'une maladie auto-immune, c'est un rejet du soi, une attaque de notre organisme contre ses propres constituants. Si j'ai contribué à déclencher cette maladie, puis-je m'autoguérir?

La médecine moderne fait de son mieux en prescrivant un traitement qui adoucira les symptômes. Mais elle ne guérit pas. Vous pouvez aussi avoir une autre lecture de compréhension qui sera complémentaire. Ai-je envie de partir en «spéléologie», à l'intérieur de moi, pour savoir comment je fonctionne? Quel est le sentiment ou la situation à l'origine de mon autodestruction?

Notre immunité est souvent mise à rude épreuve, car c'est notre barrière de protection, qu'il s'agisse de nos émotions, notre lot quotidien, ou de notre corps.

L'immunité, ce sont nos ressources. À nous de nous autoriser cette introspection pour aller puiser dans nos potentialités, ce qui augmentera notre immunité. C'est en ce sens que la joie, le rire, l'humour, l'amour et la bienveillance envers soi ou autrui renforceront notre système immunitaire.

La formation des lymphocytes «T» – ou cellules «T» – débute, chez l'adulte, dans la moelle osseuse et chez l'embryon, dans le foie fœtal. Ils sont transportés à leur maturité jusqu'à la glande du thymus «T», située près du cœur (nous retrouvons cette lettre «T» abordée dans un chapitre précédent).

Je dis souvent que le thymus est le siège des émotions depuis l'enfance, comme un réceptacle où l'on a stocké pas mal de choses (émotions enfouies) et que l'on a tuées.

- Thymus - Mutisme
- Immunitaire - Je me suis immunisée pour me «taire»

Si je libère mes émotions par la parole ou l'écriture, je recrée un lien, je me réconcilie avec moi-même par la considération que je peux m'apporter au travers de l'amour. Je recrée l'harmonie et la paix en moi.

Les glandes endocrines sont solidaires; elles s'entraident. Petit rappel, elles sont au nombre de sept : glande pinéale, hypophyse, glande thyroïde, thymus, glandes surrénales, pancréas, ovaires (femme) ou testicules (homme).

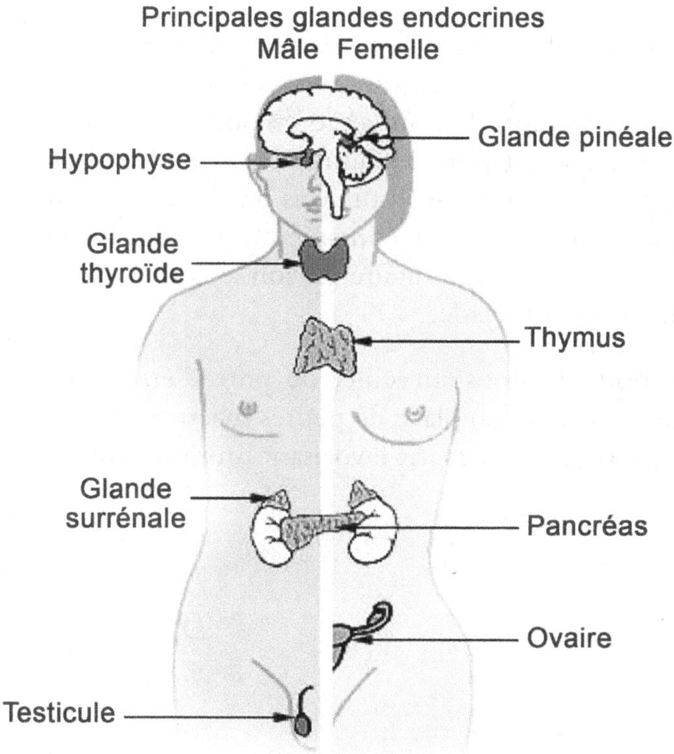

(Schéma source : https://commons.wikimedia.org/wiki/File:Sch%C3%A9ma_principales_glandes_endocrines.png)

Quand une glande est déchargée, elle appelle une autre en renfort. Mais la vigilance, c'est de les préserver, d'en prendre soin et bien souvent, nous le faisons quand nous sommes fatigués. À nous de faire de la prévention, d'observer nos schémas de fonctionnement et de les corriger dès que nous les avons identifiés. C'est déjà un gros travail de contribution.

À titre informatif, nous affaiblissons notre système immunitaire par les pensées négatives, le stress, la tristesse, la colère, la haine, la jalousie, les regrets, les remords, la rancune, la culpabilité, l'insécurité, les doutes, la peur, la dévalorisation...

Et nous fortifions notre système immunitaire par l'enthousiasme, l'espérance d'un mieux, la joie de vivre et d'exister, le rire, l'humour, l'autodérision, la confiance en soi et la valorisation, être heureux pour soi et pour les autres, l'amour de soi et des autres, le partage... En clair, nous pourrions dire que nous créons l'hormone du bonheur – il est contagieux; ne nous en privons pas! Plus notre système immunitaire est solide, moins nous courons le risque de tomber malade.

Alors, à nous de nous surveiller de près, d'être responsables de notre vie, de mettre en place de petites recettes au quotidien pour cultiver un bon état d'esprit favorisant un processus de guérison.

L'*ego* – Lego

Afin d'aborder l'*ego* de manière légère, j'ai choisi de me servir du célèbre jeu de Lego.

Un jeu de construction grâce auquel nous avons tous passé, enfants, adolescents, de belles longues heures à nous amuser. Et nous serons peut-être amenés à le retrouver, adultes, avec nos enfants et petits-enfants. Comme quoi, cela n'est jamais fini et pour cause, notre *ego* sera bien présent tout au long de notre incarnation terrestre.

Ce jeu de briques de construction a été créé par un Danois. Il lui a donné ce nom, Lego, qui signifie «Joue bien». Monsieur Christiansen, à l'origine charpentier, a dû «se recycler» en fabricant de jouets en bois, à cause d'une crise. Suite à l'incendie de son usine, il crée les premières briques en plastique. Le succès ne cesse de grandir, d'année en année, ce qui vaut à cette société d'être classée, en novembre 2014, «numéro un mondial du jouet».

Plusieurs symboliques sont liées à cette histoire que je m'étais amusée à décortiquer par la mathématique, grâce au jeu de tarot. On pourrait dire que non seulement ce monsieur ne s'est pas laissé «abattre» par la crise, mais il a su rebondir une seconde fois, après l'incendie. Ces deux événements lui ont donné l'occasion de faire appel à ses ressources et de se servir de sa créativité (les briques en plastique) et c'est là que le succès apparaît.

Parfois, il est bon d'avoir de l'*ego* quand on le met à son service, pour produire quelque chose d'unique. Ce monsieur aurait pu être anéanti face à ces deux épreuves. Il est, sans aucun doute, de nature à rebondir. Nous ne sommes pas tous « égaux » devant « l'*ego* ».

La créativité est une énergie que je compare à la foudre : soit elle est canalisée, soit on s'électrocute. La foudre peut calciner, brûler et au pire, tuer. Si cette foudre était canalisée dans un transformateur, elle servirait d'énergie pour alimenter des villes entières pendant des années. C'est une énergie puissante et créatrice.

Il en est de même avec notre feu créateur : soit nous le mettons à notre service et nous créons quelque chose d'unique – l'histoire du jeu de Lego –, soit nous nous autocalcinons – nous enclenchons un processus d'autodestruction par la tristesse, la colère, la culpabilité qui traceront une autoroute vers la maladie. À nous de nous retrousser les manches, d'avoir le courage, la force d'avancer et regarder devant avec assurance et fierté de ce que nous sommes.

Je vais aborder deux formes d'*ego* les plus courantes.

Évidemment, le plus facile à remarquer est celui qui proclame : «Je sais tout, j'ai tout vu, j'ai tout fait...». Au moins, la personne l'annonce et c'est très clair, donc facile à identifier.

Le plus sournois est celui que j'appelle « l'*ego* déguisé ». Pas facile à repérer. Le genre de personne qui répète : «Je ne suis pas capable, je ne vais pas y arriver...»

Trop de confiance en soi et d'assurance peuvent nous nuire.

Pas assez d'estime et de valorisation de soi nous desservent aussi.

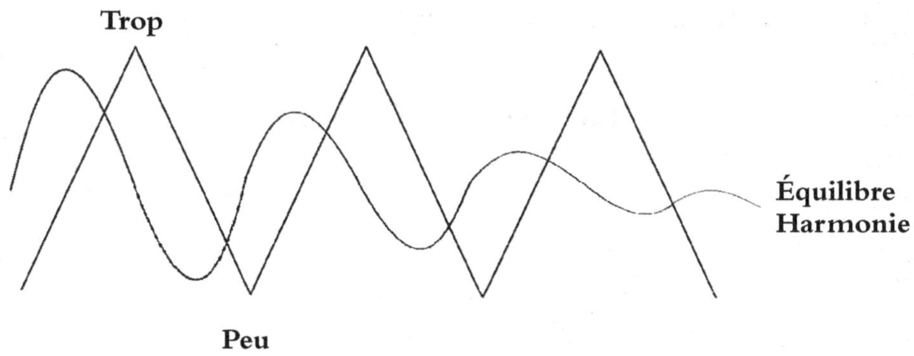

«Trop» ou «peu» sont des excès opposés que j'appelle le «yoyo». À nous de trouver l'équilibre, la voie du juste milieu. Dompter notre *ego* n'est pas chose facile; il s'agit d'un juste dosage, un peu comme dans nos recettes de cuisine pour réaliser un plat équilibré.

Observez la carte ci-dessous :

La carte 8 – La Force

La femme porte un chapeau en forme de lemniscate (courbe plane ayant la forme d'un 8), ce qui démontre qu'en équilibrant nos deux cerveaux, nous arrivons à un point d'équilibre qui amène le discernement : agir au moment juste.

Les cheveux sont tressés, orientés vers le ciel et plus particulièrement vers les arbres (nature).

Le lion est un animal puissant, le roi de la jungle. C'est un symbole solaire et lumineux. Attention de ne pas être aveuglé par sa propre lumière, l'*ego*, à l'image d'Icare qui veut se rapprocher du soleil, même si son père l'avertit qu'il peut se brûler les ailes.

L'animal est dans une posture de soumission (sa queue est tournée vers le bas) face à la femme qui utilise la douceur et la fermeté. On le voit à la position de ses mains. On pourrait même dire qu'il y a une forme de maîtrise.

Pourquoi ses cheveux sont-ils tressés ? La tresse fait référence à l'ADN (las des haines).

Dompter son *ego*, c'est dire « non » ou « stop » à notre mental qui se transforme en « diablotin ». C'est arrêter de se maltraiter, d'avoir de la tristesse, de la colère, de la haine envers soi ou autrui.

Souvenez-vous du film *Avatar* où les habitants de la planète Pandora avaient tous une tresse qui leur servait de connexion. À nous de rétablir le lien avec notre cœur et faire en sorte de l'écouter plutôt que de passer son temps à nous saboter, souvent par la culpabilité.

L'*ego* déguisé est sournois. « Chassez le naturel, il revient au galop ! »

Nous devrons faire preuve de patience, de douceur, de vigilance et chaque fois que nous serons confrontés à notre « handicap », à nous de rectifier nos schémas de pensée dans les trois secondes qui suivront.

Plutôt que de dire :

- je ne suis pas capable = je suis capable;
- je ne vais pas y arriver = je vais essayer;
- je suis nulle = je vais faire de mon mieux;
- je suis bonne à rien = je suis bien faite pour quelque chose.

Cultiver les graines du positivisme, c'est colorer sa vie en permanence.

C'est utiliser toute une gamme de couleurs et voir la vie autrement qu'en noir et blanc.

Je n'ai plus à combattre ou à utiliser la force (le duel, le combat, la guerre).

Je dompte le lion en moi. Cela me procure une certaine fierté. Je me sens plus fort, plus serein, plus équilibré, en harmonie avec moi, car j'ai fait taire le bruit du mental.

La force intérieure est une forme de sagesse.

À nous de s'autoriser (auto-risée); c'est en ce sens que l'humour nous aide. Rire de soi, c'est se guérir (gai-rire) et personne ne pourra le faire pour nous.

Je retrouve le silence en moi, ce havre de paix où je me ressource.

Prison – Libération

Il y a quelques années, j'ai eu la chance de travailler deux ans dans un centre pénitentiaire. Un rêve d'adolescente qui s'est concrétisé. Ne jamais perdre de vue ce qui nous anime au fond de nous, car tôt au tard, cela prend forme.

Paradoxalement, je pourrais dire que la prison m'a libérée de certains de mes conditionnements.

Il existe des prisons matérielles et des prisons immatérielles – le mental – et nous sommes tous prisonniers de nos schémas mentaux, de nos croyances. Les « détenus » sont bien plus nombreux dans des prisons immatérielles qu'on ne le pense ! Nous n'avons pas toujours la clé pour nous en libérer. Les expériences nous pousseront dans nos derniers retranchements pour nous obliger à nous servir de ce trousseau qui déverrouillera un engrenage parfois rouillé depuis des années.

Quand j'ai pris mon poste, je ressentais un mélange de joie et de peur.

La joie, car c'est un endroit que je voulais découvrir par moi-même.

La peur, car c'est un peu s'aventurer dans une jungle sans en avoir appris les codes de vie.

Cette aventure a été salutaire, car elle m'a permis de me comprendre, de travailler en permanence le non-jugement, et surtout à « aiguiser » mes sens pour affiner mon sixième sens.

Apprendre par l'observation, ne rien dire un certain temps, prendre des notes, constater puis faire ma place sans convaincre, faire mon petit bonhomme de chemin, comme on dit. Mon rôle consistait, au sein d'une association, à proposer des activités sociales et culturelles. J'aimais mon travail, car je n'étais pas là pour juger ou alourdir une peine, mais plutôt pour permettre une « évasion » mentale, si je puis dire.

Je travaillais en collaboration avec quelques détenus. Ils avaient ma confiance, même si je restais toujours sur mes gardes. Vigilance constante, le droit à l'erreur, de part et d'autre, n'avait pas sa place, car les conséquences pouvaient être lourdes. Très bon exercice pour expérimenter « l'instant présent ».

Parfois, je devais m'armer de courage pour aller à la prison des femmes. C'est l'endroit où j'avais le plus peur. Probablement parce que cela faisait allusion à la femme que je suis, aux travers possibles. Je ne baissais jamais la garde.

Dans la vie, on peut tout apprendre, mais pas le courage. C'est faire face à ses peurs et oser aller de l'avant pour ensuite se dire : « Ouf! Je l'ai fait. Et si je l'ai fait, je peux en surmonter d'autres.» Le courage, c'est alimenter une énergie à bon escient qui nous ramènera en sécurité avec un sentiment de fierté et de bravoure.

Mon dernier jour de travail a été riche en cadeaux, comme une récompense de tous ces moments d'insécurité, de doute, de peur. Ce fut mon « graal ».

J'avais décidé d'offrir des croissants et des pains au chocolat à toute l'équipe de détenus qui avait travaillé avec moi, soit environ une quinzaine. Une commande avait été faite la veille auprès de notre boulanger préféré, sans lui en mentionner la destination. Une demande avait aussi été faite aux gestionnaires de la prison pour autoriser de réception des viennoiseries. Tout était organisé pour qu'on célèbre ensemble mon départ.

Dès mon arrivée au centre, comme tous les matins, même protocole : contrôle, je longe les couloirs, bureau de la direction au premier étage, descente au greffe puis passage des grilles, pour arriver à mon bureau. Ce processus nécessite 15 à 20 minutes.

Entre la dernière grille et mon bureau, il y avait un long couloir, un hall très large et tous les jours, pendant près de deux ans, le même détenu balayait ce couloir à l'heure où je passais. Sans jamais déroger au respect, tous les matins, je lui ai dit « bonjour », mais je n'ai jamais eu de réponse, si bien que j'ai pensé qu'il était sourd et/ou muet. Qu'importe ? J'ai continué à lui dire bonjour, car il était là, présent sur mon passage.

Le jour de mon départ, fidèle à ma ligne de conduite, je lui ai répété mon « bonjour » quotidien. À ma grande surprise, j'entendis : « Bonjour, Madame ». Je me suis arrêtée net et lui ai dit spontanément : « Alléluia ! Vous parlez ? Moi qui pensais que vous étiez sourd et/ou muet. Quelle bonne surprise ! »

- Lui : « Je sais que c'est votre départ aujourd'hui et je voulais vous remercier.
- Moi : Je vois que vous êtes bien informé. Oui, je pars aujourd'hui. Me remercier pourquoi ?
- Lui : Tous les matins, sans exception, vous m'avez dit « bonjour » et je ne vous ai jamais adressé la parole. Je me demandais combien de temps vous tiendriez le coup, et vous avez tenu jusqu'au bout alors que je ne vous ai jamais répondu.
- Moi : Cela n'a pas d'importance. Je me devais de vous saluer comme je le fais avec tous les autres, détenus ou membres du personnel.
- Lui : C'est bien pour cela que je voulais vous remercier, car vous m'avez considéré malgré mon mutisme et mon statut.

- Moi : Merci à vous, c'est un beau cadeau que vous me faites de me dire cela pour mon départ. Comme quoi on doit toujours suivre la voix du cœur.

- Lui : J'ai su dès le départ que vous n'étiez pas comme tout le monde, car quand vous marchiez, il y avait comme de la poudre d'or derrière vous. Même si je ne voyais pas très bien, je sais que cela faisait partie de vous. Vous êtes comme la fée clochette.

- Moi : Soyez assuré que je n'oublierai jamais ce moment. Merci beaucoup, et pour ce qui est de la vision, je crois, au contraire, que vous y voyez très clair, lui dis-je d'un air amusé.»

Les tests de la vie sont parfois subtils; ils font faire un travail en profondeur.

Toujours considérer les personnes, peu importe qui elles sont et ce qu'elles font. C'est la règle d'or que j'ai apprise de cette leçon de vie, si je puis dire.

J'ai toujours en mémoire le visage de cette personne et ses paroles sont restées intactes, comme si je l'avais encore devant de moi. Merci.

Au travers d'expériences comme celle-ci, nous nous «bonifions», nous progressons. Le scénario nous est présenté. Il peut se modifier à tout moment. Cela dépend juste de notre comportement. À nous d'en prendre conscience, de rester fidèles à nos valeurs, notre guidance, notre cœur.

J'ai poursuivi mon chemin jusqu'à mon bureau. Je dépose mon panier de viennoiseries en attendant 10 h où je verrais pour la dernière fois toutes ces personnes qui m'ont aidée à cheminer. J'ai la joie au cœur de partager ce moment et à la fois je l'appréhende. La joie prend le dessus. Allez, je me lance, en route vers la salle.

Avec humour, je demande aux détenus si c'est moi qu'ils attendent ou si ce sont les croissants et les pains au chocolat. Ça détend l'atmosphère ! Et surtout, ça m'enlève de la pression. J'ouvre mon panier et leur dis qu'avant de les manger, j'ai une petite histoire à leur raconter. J'ajoute : « Je vous rassure, elle ne sera pas longue. Mais elle est nécessaire, car elle vous permettra de savourer encore plus. »

> *Ce matin, je suis allée chercher cette commande chez le boulanger. Il me dit : « Régalez-vous bien ! » Je lui mentionne que ce n'est pas pour moi, mais pour des gens avec qui j'ai travaillé pendant deux ans et que j'ai appréciés. C'est ma modeste façon de les remercier. « C'est très gentil de votre part, mais si je me souviens bien, vous travaillez à la prison, c'est cela ? » « Oui, exact et cette commande n'est pas pour le personnel, mais pour les détenus. » Il est surpris et touché, les larmes aux yeux, et a spontanément décidé de vous les offrir. Alors, je me devais de vous le dire.*

Le silence est palpable. Ils sont tous émus et touchés en plein cœur. Ils sont magnifiques à voir, je me délecte de ce moment. « Allez, servez-vous et régalez-vous bien, comme l'a dit le boulanger ! »

J'ai la joie au cœur de les observer un par un; cela en dit long...

Il y a celui qui prend le temps de sentir avant de manger, celui qui ouvre grand les yeux comme si le croissant devenait un lingot d'or, celui qui a prié pour que le petit miracle s'accomplisse, celui qui dévore à pleines dents. Qu'ils sont beaux à voir !

Un petit geste pour moi est devenu un cadeau pour d'autres. Je n'ai pas manqué de faire un rapport au boulanger qui était enchanté.

Et pour clôturer le tout, lors de mon pot de départ avec le personnel, j'ai reçu un beau pendentif en or. C'était une fée. J'ai souri en pensant au détenu du matin. Au final, il y voyait très clair...

« Ce qu'on aime dans la bonté, ce n'est pas le prix qu'elle coûte, c'est le bien qu'elle fait »

Anatole

Audace – Cadeau

Comme vous pouvez le remarquer ci-dessus, l'anagramme de «Audace» est «Cadeau». Pas facile d'avoir de l'audace quand on manque de confiance en soi ou que l'on doute. L'audace, c'est faire preuve de courage pour faire face à ses peurs et recevoir le cadeau.

En espérant que l'exemple ci-dessous soit convaincant pour plusieurs.

Il y a quelques années, je reçois en consultation une personne particulière. Cela n'arrive pas souvent que je rencontre une princesse, à part dans les contes de fées!

Christine vit six mois à Paris et six mois à l'étranger. Lors de notre premier rendez-vous, elle arrive avec un bouquet de fleurs si énorme que je ne la voie pas. Ce magnifique présent m'encombre, me touche et m'étonne, car nous ne nous connaissons pas. Évidemment, je commence par lui dire : «Merci beaucoup, il est magnifique!» plutôt que de dire : «Oh, fallait pas!» Et vous? Comment auriez-vous réagi? Le premier scénario ou le second?

En commençant la consultation, je lui demande s'il lui arrive fréquemment d'offrir des bouquets de ce genre. Elle me répond qu'elle adore offrir des fleurs et qu'elle aime beaucoup son fleuriste, car il a beaucoup de goût.

– Parfait! Et est-ce que vous vous offrez des fleurs à vous-même, pour votre plaisir personnel? La questionnais-je.

– Euh, ben non. Mon plaisir c'est de faire plaisir. Je n'en ai pas besoin, j'ai tout ce qu'il me faut. J'aime donner, rétorque-t-elle, très convaincue.

Je me délecte de ses réponses et lui demande ce que représentent les fleurs pour elle. Ce à quoi elle me répond :

– La vie, la joie !

Ma remarque est alors la suivante :

– Alors, si je comprends bien, vous n'avez pas besoin de vous offrir des fleurs, car vous êtes dans la vie, dans la joie et vous préférez donner ?

– Non, pas exactement. Il manque quelque chose à mon bonheur, mais je ne sais pas quoi, répond-elle avec moins d'enthousiasme.

– Effectivement, il vous manque quelque chose pour rééquilibrer votre balance intérieure. C'est, à mon sens, apprendre à recevoir et voici l'exercice que je vous propose. Libre à vous de le mettre en place ou pas. Cette rééducation de votre conscience, si je puis dire, sera très courte et se déroulera sur 21 jours, lui dis-je, amusée devant ses yeux déjà écarquillés.

Je poursuis :

– Vous allez chez votre charmant fleuriste tous les matins et pendant 21 jours, vous achèterez une seule fleur, en choisissant selon votre envie du jour : rose, lys, gerbera, tulipe...

– Mais il ne comprendra pas, car je lui commande toujours de gros bouquets ! s'emporte-t-elle.

Je lui réponds que c'est elle qui a quelque chose à comprendre et pas lui. Elle reste interloquée. Je poursuis mon intervention :

– Quand il vous demandera : « C'est pour offrir ? », vous répondrez : « Oui » et c'est tout. Ensuite, vous rentrez chez vous, vous retirez l'emballage et vous mettez votre magnifique fleur dans un vase en prenant conscience que vous vous offrez un cadeau. Vous poursuivez cette procédure sans interruption pendant 21 jours !

Elle acquiesce, pas très enthousiaste. Elle trouve cela un peu long, mais m'affirme qu'elle a confiance en moi et qu'elle va s'exécuter. En la regardant dans les yeux, je suis convaincue qu'elle agira en conséquence… et elle l'a fait.

Nous nous sommes revues, quelques mois plus tard, avant son départ pour l'étranger. Cette fois-ci, elle n'est pas venue avec un gros bouquet de fleurs, mais avec une boîte de chocolats (hi ! hi ! hi !).

– Cathy, je dois d'abord vous raconter ce qu'il s'est passé suite à l'exercice que vous m'avez donné, s'empresse-t-elle de me dire.

Je sens sa joie débordante et je suis tout excitée à l'idée de connaître la suite.

– Je suis donc allée chez mon fleuriste comme convenu. Je n'étais pas très à l'aise, au départ. J'avoue que j'avais un peu peur, mais je vous avais promis de le faire. Alors, j'ai pris mon courage à deux mains et j'ai osé. Chaque jour, j'ai choisi une rose ou un lys de couleurs différentes, mais quand je suis arrivée au neuvième jour, le fleuriste m'a posé une question : « Madame, depuis plusieurs jours vous venez et vous prenez une fleur. Ce n'est pas dans vos habitudes et m'interpelle. Sans indiscrétion, elles sont pour qui ces fleurs ? » Je n'étais pas très à l'aise et j'ai répondu qu'elles étaient pour moi et qu'il s'agissait d'un « exercice » qu'une dame m'avait donné. Le fleuriste m'a alors prise dans ses bras en me disant : « Enfin, vous pensez à vous ! Que je suis heureux pour

> vous, quelle belle idée ! Si vous le permettez, choisissez ce que vous voulez jusqu'à la fin de votre « exercice », c'est moi qui vous l'offre.

Christine m'a avoué avoir éclaté en sanglots, car elle n'aurait jamais imaginé la tournure des événements. Elle se demandait bien quel en serait l'aboutissement.

Mission accomplie : elle ne s'oublie plus ! Quand elle en a envie, elle s'offre des fleurs, se fait plaisir. Elle a été très touchée et bouleversée par la réaction du fleuriste et a mesuré l'importance de maintenir un équilibre entre le donner et le recevoir.

La morale de cette histoire est que même si on en a les moyens financiers, on peut s'oublier, comme quoi ce n'est pas une histoire d'argent, mais plutôt d'éducation puisque son schéma était le suivant : «Tu as les moyens donc tu te dois de donner.» Et non, nul n'est condamné à donner. Le cadeau de la vie, c'est aussi RECEVOIR. Parfois le bonheur est fait des petites choses du quotidien.

La mort et l'âme or

Je tenais à écrire un chapitre sur la mort, car comme disait ma mère : « Il y a au moins une égalité face à la mort, c'est que nous y sommes tous confrontés. »

Je suis toujours étonnée de voir à quel point le sujet est tabou dans la majorité des cas. Alors, j'ai décidé de rendre hommage à la mort. J'ai l'envie de transformer la noirceur, la mort, en lumière, l'âme OR, afin de démystifier l'idée de la mort.

Quand je donne l'atelier sur le tarot, parfois je m'amuse à distribuer des cartes selon l'ordre d'arrivée dans la salle et chaque fois que je donne la carte de « La Mort » à la personne, celle-ci réagit par un mouvement physique très perceptible : le recul ou une tête qui se décompose. Je n'ai encore entendu personne me dire : « Génial, c'est ma carte préférée ! ». Bien qu'une fois la carte abordée, la personne ressent une certaine fierté de l'avoir reçue ! Comme quoi, tout est une histoire de perception.

Une célèbre phrase nous rappelle que « Dans la mesure où vous avez commencé à vivre, vous avez commencé à mourir. »

Quand nous avons peur de la mort, nous avons peur de la vie ! Et peut-être cela nous amène à nous dire : « Est-ce que je vis pleinement ma vie ? »

Je me souviens d'une réflexion de ma fille aînée, alors âgée de neuf ans. J'étais enceinte de ma troisième fille à ce moment-là et je partageais un moment avec ma belle-mère qui venait de m'apprendre un décès. Marnie a toujours été observatrice, à l'écoute et parlant peu. À notre retour à la maison, elle me dit :

– Pourquoi vous pleurez quand il y a un mort?

– Parce que c'est triste, lui ai-je répondu.

Ce à quoi elle rajoute :

– Alors, quand le bébé va naître, tu vas pleurer?

– Non, parce que c'est la naissance et la vie! lui dis-je.

– Je ne comprends pas, dit-elle, car le bébé, il est dans ton ventre et ensuite, il va passer dans un tunnel, puis on le verra!

– Oui, c'est ça! lui dis-je. Nous serons là pour l›accueillir, avec ton papa et ta sœur.

– Ben alors, c'est pareil! Quand on est mort, on passe dans un tunnel. Puis il y a du monde, mais on ne pleure pas! me dit-elle, sûre d'elle.

Je vous rappelle que Marnie a été dans le coma quatre jours à l'âge de dix-huit mois et qu'elle a fait une expérience qui a laissé des traces, dont celle du tunnel et d'un monsieur très bienveillant à son arrivée de l'autre côté.

J'en parle à la pédiatre lors de notre visite. Elle me dit, en souriant, qu'à son âge c'est une profonde réflexion et que cela promet par la suite...

Bien sûr, nos croyances sont ébranlées, mais il y a aussi de quoi se poser des questions existentielles sur la vie et la mort.

La mort peut rendre maladroit, peut faire fuir, tout comme la maladie. Nous ne voulons pas faire face à une réalité en allant voir quelqu'un malade et/ou mourant. Et pourtant, à ce moment-là, la présence est tellement importante.

Mon ami Pierre Barnérias, producteur et réalisateur du film *Thanatos* a su, avec beaucoup de travail, de délicatesse, de pudeur au travers de diverses entrevues dans différents milieux professionnels, culturels, religieux, amener des réponses à de nombreuses questions.

« L'ultime passage », comme il l'a écrit ! Un documentaire invitant à se poser des questions, à réfléchir au sens, car on a perdu le sens, le sens de la vie et le sens de la mort.

Je suis toujours choquée de voir à quelle vitesse on se « débarrasse » des morts. J'ai un profond respect pour les thanatopracteurs. Quel métier ! Enfin, c'est plutôt une vocation. On peut le constater dans le documentaire *Thanatos*. Respect pour tous les accompagnants en soins palliatifs, soignants ou pas, une attention, un geste, un mot, un regard sont souvent des baumes sur les cœurs.

On enterre nos défunts trop vite, on ne les ramène plus à la maison, on ne fait plus de veillées, tout perd du sens, car un mort, ça encombre et ce n'est plus utile. Cela pose question ! Et on passe vite à autre chose, la vie reprend son cours ou plutôt un semblant de vie pour beaucoup.

Autrefois, les veillées servaient à faire un accompagnement pour tout un chacun. Elles étaient une transition entre un avant et un après. Le délai de trois à cinq jours était respecté; il avait bien du sens, un rituel parti en fumée...

Par chance, mes parents sont tous les deux revenus à la maison. Nous avons pris ce temps-là, ensemble avec mes frères et sœur. Quel cadeau ! Des moments précieux, ce temps-là. C'est de l'ordre du sacré ! C'est une préparation au deuil ensemble, entre les vivants et les morts. On ne peut plus rattraper ce temps-là; on doit le saisir quand il passe.

Ramener un défunt à la maison, c'est lui faire prendre conscience qu'il est mort, un retour à la maison avant d'aller vers sa dernière demeure. Allumer des cierges, l'entourer de lumière, parler de lui, de ses défauts et qualités (au moins, il peut se reconnaître), écouter des chansons qu'il a aimées, lui mettre les habits qu'il a aimés et le rendre beau, c'est aussi cela accompagner un défunt.

J'ai pu constater que souvent, les âmes dites « errantes » sont des gens qui ne sont pas revenus à la maison. Elles errent, tout simplement, car elles ne savent pas qu'elles sont mortes. Dire les bons mots : «Tu es mort» et non «Tu es parti» est important aussi, même si ce n'est pas toujours simple. C'est souvent l'adulte qui est « handicapé » avec la mort, car les enfants sont plus spontanés. Ma fille a dit un jour : « La mort ce n'est pas grave, c'est les humains qui la rendent grave ! » Accompagner un défunt est un travail d'ange. Voici ce que m'a dit un jour ma guidance : « Ce qui est fait en bas ne sera pas à faire là-haut ! »

Accompagner un défunt, c'est l'amener en douceur de l'autre côté du rivage, c'est lui dérouler le tapis rouge et lui dire : «Allez, va ! Avance ! Retrouve ceux que tu as aimés.»

Accompagner un défunt, c'est l'aider à se détacher de la matière, de son corps, le libérer de ses souffrances, qu'elles soient physiques, émotionnelles, mentales.

Accompagner un défunt, c'est une sacrée dose d'amour véritable, c'est expérimenter le détachement, c'est redonner la vie, une autre forme de vie.

Prenons ce temps d'accompagnement, il est porteur et réconciliateur. Il permet de mettre en lumière le défunt, l'honorer jusqu'au bout de son chemin, n'est-ce pas une grâce ? C'est, en tout cas, celle qui m'a été accordée dernièrement : avoir l'honneur d'écrire un discours pour mon amie d'enfance Françoise.

À ma grande surprise, l'assemblée a applaudi – selon ma croyance, on n'applaudit pas dans une église –, mais probablement que ce discours a touché bien des cœurs. Il a résonné chez certains. Alors, je vous le partage comme pour lui rendre un second hommage. À toi, ma fidèle amie.

« Le meilleur moyen d'honorer les morts
est de vivre pleinement sa vie. »

« Hier on m'a dit que mon texte était un peu trop long. Cette nuit, j'y ai repensé et ce matin je me suis chronométrée : 3 minutes 20. Puis, je me suis dit : « Si je ne suis pas capable de témoigner pendant 3 minutes 20, je ne vaux pas grand-chose.

Françoise,

Difficile de synthétiser un demi-siècle d'amitié.

La dernière fois que nous sommes rentrés ensemble dans cette église de l'Assomption, c'était pour mon mariage dont tu étais le témoin avec Christian. Une amitié qui date de la maternelle, c'est rare, c'est comme une pierre précieuse que l'on préserve et que l'on chérit.

Ton père employé de mairie, le mien aussi Ta mère au foyer, la mienne aussi 2 frères pour toi et 2 frères et une sœur pour moi.

Tu as fait de la musique, j'ai fait de la danse et en commun nous avions le basket. Nous étions dans la même classe jusqu'au BEP, une complicité si grande que souvent, on nous confondait, cela nous amusait.

Les bals de village, les sorties entre amis, les saucissonnades avec la bande de copains, les omelettes, que de bons moments partagés ensemble !

Puis, la séparation, mais uniquement par la distance. Cela ne te dérangeait pas avec Thierry de faire plus de 700 km pour venir nous voir. Vous avez été présents à tous nos déménagements.

Adolescente, tu voulais trois enfants et moi je n'en voulais pas.

Ironie du sort, j'en ai trois et tu n'en as pas, enfin presque puisque tu sais ce que mes filles représentent pour toi; il en est de même pour les trois filles de Marisol et François.

L'anecdote dont on a ri dernièrement était celle-ci :

Nous étions à Quillan, au café de la gare, vers l'âge de 20 ans. Tu as commandé un Ricard et moi un Martini blanc. Le serveur nous amène l'addition et tu lui dis : «Je ne paie pas, car je m'appelle «Ricard»» et il te demande ta carte d'identité. «Alors qui paye ?» dit-il.

Je renchéris en disant : «Je ne paie pas, car je m'appelle «Peille».» Je montre ma carte d'identité et là, il nous regarde et dit : « Ça alors ! Je vous offre vos deux verres ! »

Nous étions fières de notre coup.

Tu rajoutais souvent : « On ne boit pas de Pastis 51 quand on s'appelle Ricard ! » Étrange destin que de mourir pour tes 51 ans.

Dimanche 16 février, nous avons passé un délicieux moment et l'on pressentait que c'était le dernier.

Tu m'as dit : « Ce n'est pas juste ce qui m'arrive, car je n'ai fait de mal à personne.» Ce à quoi j'ai répondu : « Oui et non ! Oui, c'est vrai, tu n'as jamais fait de mal à autrui et non, car tu t'es fait du mal à toi. Toute l'eau que l'on t'a enlevée des poumons, ce sont les larmes que tu n'as pu exprimer.» « C'est vrai ! Même ma nièce Chloé m'en a parlé hier», as-tu répondu.

Tu me disais combien cette nouvelle du cancer a été un choc. La maladie fait peur et la mort, n'en parlons pas !

Dans une société où il faut être beau, intelligent, riche, rentable, productif, quand on est malade, on est délaissé alors que c'est là que nous avons besoin de présence et de réconfort. Après ma visite, tu m'as envoyé ce texto :

« Un peu crevée ce soir, mais ça m'a fait tellement de bien de te voir. Il faudra que tu reviennes. Merci. Je t'embrasse très très fort. »

La semaine d'après, lors de ma visite en réanimation, je t'ai demandé si tu avais peur de la mort. Tu m'as répondu : « Non. » Alors, je t'ai dit : « Et de la façon dont tu vas mourir ? » «Tu m'as dit « oui». »

Je t'ai alors suggéré de ne pas laisser la douleur s'installer et que dès que tu avais mal, tu devais le signaler pour glisser en douceur vers le couloir de la lumière.

Tu m'as aussi confié combien Thierry t'a accompagnée et a été exemplaire, que tu n'aurais pas pu faire ce qu'il a fait et je t'ai répondu : «Tu ne sais pas. En général, on le sait quand on y est ! »

Et puis le départ vers un ailleurs, et tu nous joues un dernier coup de maître. On est tous là pour te célébrer et qui plus est, le jour de ta fête, la Sainte Françoise. J'avoue que tu ne pouvais pas faire mieux.

Alors mon amie, bon voyage vers un ailleurs et surtout, s'il y a un bon vin rouge de Lesquerde, de Caramany ou de Fitou, ne te prive pas et trinque à notre santé, mais pas trop quand même, car nous sommes très nombreux».

TROISIÈME PARTIE

Passé – Présent – Futur

Le **passé** est dépassé, le **présent** est là, le **futur** n'est pas.

Le passé m'a servi à me « façonner » et à être celle ou celui que je suis aujourd'hui. Conservez du passé que ce qui est utile, retenez les leçons et avancez avec sagesse. Ressasser un passé douloureux ou difficile, c'est se torturer. Est-ce utile et constructeur ? La bonne question est : « Est-ce juste et bon pour mon évolution ? »

Gardez ce qui vous donne du baume au cœur et non des regrets, des remords ou des rancunes qui ne font qu'alimenter la culpabilité.

Alimenter un passé par des pensées négatives, c'est survivre.

Se souvenir des bons moments du passé aide à cultiver un beau jardin de fleurs intérieur. Désencombrez votre carte mémoire liée au passé, faites un tri et gardez ce qui est essentiel dans l'ici et maintenant...

Le présent, l'instant présent c'est être relié à son cœur, ne faire qu'un avec le battement de la vie, être au diapason.

Le présent c'est vivre pleinement l'instant, goûter et savourer le moment sans penser à hier ou demain.

Le présent c'est « ÊTRE » dans le « JE SUIS ».

Le souffle de vie se manifeste dans l'instant présent. Cela crée l'inspiration, l'intuition. Le présent, c'est l'instant de grâce, comme un miracle qui se produit à l'instant « T ».

Vivre intensément le présent, c'est se laisser inspirer et agir avec la conscience que l'on est en accord avec son corps, son âme et son esprit.

Le présent détermine le devenir...

Le futur se crée à partir de l'instant présent.

Tout part de décision et d'action que je pose à l'instant «T», d'où l'importance d'être pleinement dans l'instant de ce que je vis et ce que je ressens.

Le futur est une projection mentale qui peut vous stresser et vous rendre anxieux. Le futur n'est pas, c'est à vous de le créer.

Être responsable, c'est avoir la conscience que tout part de moi à l'instant présent et va déterminer mon devenir.

Je ne peux accuser les autres, car il est de mon devoir et de ma responsabilité d'être maître de moi-même afin de donner une orientation heureuse et florissante à mon devenir.

L'écriture spontanée

Souvent, nous attendons la recette miracle d'un thérapeute et comme je le dis souvent : «Je n'ai pas de *kit* de guérison à vendre.»

Donner des outils me semble très important dans la mesure où chacun est responsable de sa vie. On ne pourra jamais faire un travail à la place de quelqu'un. Donc, «je propose» et «vous disposez».

J'ai vu des résultats surprenants grâce à l'écriture spontanée. Je profite donc de ce chapitre pour lui rendre hommage.

J'ai toujours senti que nous ne devions rien garder pour nous. Exprimer nos émotions est libérateur et évite souvent des bombes à retardement.

Il s'agit parfois d'un déstockage massif. En effet, si nous ne sommes pas habitués à verbaliser nos ressentis, à un moment donné un gros cumul finira par sortir.

L'anagramme de «cerveau» est «évacuer». Comme c'est bien fait!

Alors, autant évacuer ce que nous avons sur le cœur avant que la vie nous impose ses directives qui ne sont pas toujours agréables quand elles tombent.

L'exemple ci-dessous sera pour moi le cas le plus significatif et s'il peut servir, alors tant mieux. Un couple vient me consulter et le monsieur est atteint d'un cancer du rectum métastasé. Il me dit que les médecins lui ont annoncé une fin de vie d'ici trois mois.

Ma guidance ne contredit pas le diagnostic de fin de vie, mais dit juste qu'il y aura un sursis d'autant – donc environ six mois. Je suis surprise, mais je fais confiance en ce que je ressens, sinon mon mental se mettra en route.

J'en fais part au monsieur et il me répond que ce sursis servira probablement à régler un problème qui, entre autres – et pour reprendre **ses** paroles, l'a fait « chier », pour faire référence au cancer du rectum. Je lui demande s'il a de la rancune envers quelqu'un. Il me mentionne que non. J'accueille sa réponse, même si je ressens que ce n'est pas exact.

Puis des images apparaissent et je vois une dispute entre deux hommes au sujet d'un pain sur la table qui est retourné. J'en informe la personne qui me dit « non » à nouveau, mais son épouse étant là, elle réagit par un coup de pied sous la table. Heureusement, j'avais entre-temps croisé mes jambes et j'ai eu la chance de recevoir le coup de pied à la place de son mari, confirmant ainsi mes ressentis.

À ce moment-là, j'interviens et lui dis : «Vous n'avez pas souvenir d'une histoire autour d'un pain retourné sur une table ? » *A priori*, c'est une croyance ou superstition selon laquelle si on met le pain à l'envers, c'est le malheur qu'on invite chez soi.

« Oui, c'est vrai ! me dit l'homme, mais cela date de plus de quinze ans, lors d'un repas de famille chez mes parents au Portugal. Je me suis disputé avec mon frère, car j'ai coupé du pain et ne l'ai pas remis à l'endroit. Mon frère l'a fait, puis moi je l'ai retourné et lui ai dit que ce n'était pas important. Puis, il l'a remis à l'endroit et cela a fini par une dispute. Depuis, je ne lui ai plus reparlé.»

Les bras m'en sont tombés, car rester fâchés depuis tout ce temps-là me paraissait inconcevable. C'est vraiment se disputer pour un morceau de pain ! Sauf que ce monsieur est malade, en fin de vie et cela me semble important, à l'approche de la mort, de se réconcilier avec soi et avec autrui. J'ai la conviction que tout ce qu'on ne règle pas de son vivant aura des répercussions de l'autre côté – peut-être une croyance d'ailleurs ? – et je lui en fais part.

Je propose à ce monsieur d'écrire une lettre à son frère et, en colère, il me répond : « Certainement pas, plutôt crever ! » Je réplique : «Vous ne croyez pas si bien dire puisque vous savez que vous allez mourir sous peu ! Je souhaite que vous entendiez que si on vous donne ce sursis, c'est que cela a du sens et on va en faire quelque chose de bon et positif pour tout un chacun.»

Il se calme et accueille ma proposition, tout en mentionnant qu'il n'aime pas écrire et qu'il n'a pas grand-chose à lui dire.

Je lui note, étape par étape, le déroulement de l'écriture spontanée :

1. Vous mentionnez le prénom de la personne ou le nom, selon votre façon de l'appeler;

2. Vous écrivez tout ce que vous avez sur le cœur, mais il y a une clé importante à considérer, et c'est la règle d'or : **vous ne devez pas vous relire**, car si vous relisez la lettre, ce n'est plus de l'écriture spontanée du fait que le mental va interférer en disant : « Tu es trop dur, c'est pas sympa, tu vas trop loin,... ». Ce n'est plus alors le cœur qui parle, mais la tête.

3. Vous signez par votre prénom, la signature étant un engagement envers vous-même. La lettre terminée, vous avez libéré l'expression et vous allez sentir une forme de soulagement, comme un poids en moins (souvent dans la gorge et le cœur). On a fait un tri et un ménage dans votre tête et dans votre corps.

4. Ensuite, vous allez prendre un pot, une urne, un réceptacle dans lequel vous allez brûler cet écrit. La flamme monte et par cette ascension, vos mots sont accueillis par le Ciel.

Une fois les papiers calcinés, vous vérifiez bien qu'il ne reste que des cendres. Parfois, il reste des mots écrits qui ont du sens. Donc, n'hésitez pas à faire brûler à nouveau les éléments restants.

5. Vous allez ensuite verser de l'eau dessus et cela va faire un beau mélange grisonnant. On pourrait dire que c'est ce qui vous a «plombé», puisque ce liquide est similaire à du plomb. Le feu et l'eau sont deux moyens de purification. Le feu monte, l'eau descend. Ainsi, une neutralité est en train de s'opérer.

6. Maintenant, il est temps de vous débarrasser de ce liquide gris (mélange de cendre et d'eau) et de le déverser dans la terre. «Je remets cette noirceur qui était en moi à la Terre et par cette symbolique, je transmute.»

Le couple a écouté attentivement le processus et le monsieur m'a dit qu'il allait le faire. Je lui mentionne qu'il doit écouter son cœur. Ainsi, il saura quel sera le bon moment pour agir, car je ne peux le savoir pour lui. Quinze jours après la consultation, il s'est mis à l'ouvrage et a écrit sept pages. Pour quelqu'un qui n'aime pas écrire, je trouve que c'est pas mal!

Trois semaines après cet écrit, ce monsieur reçoit un appel à son domicile. Son épouse décroche et est bouleversée d'entendre son beau-frère du Portugal lui mentionner qu'il a rêvé à son frère, qui était malade, et qu'il voulait lui parler. La dame n'en revient pas. Les larmes aux yeux, elle répond : «Je te le passe.» Les deux frères discutent longuement. Finalement, le consultant avoue à son frère qu'il a un cancer et qu'il accepte sa visite. Son frère restera au chevet du malade jusqu'à son dernier souffle.

Une histoire qui m'a beaucoup touchée et qui m'a surtout démontré la puissance de ce travail d'écriture. Un beau processus de libération s'il est fait en conscience.

Cessons d'accumuler des choses inutiles à l'intérieur de nous. Faisons un « ménage de printemps » tous les ans dans notre tête pour libérer notre carte mémoire.

La vie est bien trop courte pour laisser la place à la culpabilité, que j'appelle une bombe à retardement, une mort lente, à petit feu...

Les regrets, les remords et la rancune sont souvent sources de problèmes et seront des déclencheurs à plus ou moins long terme.

Voyageons léger comme nous le pouvons, grâce à un outil simple, facile et pas cher.

À nos crayons et papiers !

Jeu de miroir

Dans ce chapitre nous parlerons d'un exercice simple et facile pour renforcer l'estime et la valorisation de soi.

Nous avons une fâcheuse tendance à parler de nos défauts, mais plus de mal à nommer nos qualités. Voici un petit rituel à mettre en place dès que vous commencez à vous dévaloriser.

Vous allez repérer une personne que vous admirez. Ce peut être dans votre travail, devant un film, chez votre coiffeur, dans les transports en commun ou lors d'une soirée entre amis…

Vous allez nommer trois qualificatifs ou adjectifs que vous voyez ou percevez de cette personne, même si vous ne la connaissez pas. Ne mentalisez pas, cela doit être spontané (élan du cœur).

Ensuite, vous allez vous attribuer ces trois qualités en utilisant la formule «Je suis».

Exemple : J'aime beaucoup Francis Cabrel. Je ne le connais pas, mais voici trois qualificatifs que je lui attribue : Génie - Poète – Pudique.

Je me réapproprie ces trois mots en mentionnant à voix haute :

- Je suis un génie;
- Je suis un poète;
- Je suis pudique.

Ces qualificatifs sont valables au moment où j'écris ce livre et peut-être que dans quelque temps, j'en nommerai d'autres. Cela est valable à l'instant «T».

Dans ma journée, je vais répéter à voix haute ou à voix basse ces trois phrases et ainsi, j'ai remonté mes «batteries» d'estime de moi.

J'ai souvent pu constater, lors de mes consultations ou ateliers, que les personnes à qui je fais faire l'exercice ont vraiment les qualités qu'elles nomment, mais c'est tout un travail de les reconnaître.

Dès que je recommence à me dévaloriser, je remets le processus en route afin d'avoir plus de confiance en moi.

Un exercice facile à réaliser au bénéfice de tout un chacun.

Miroir, mon beau miroir...

Exercice de « centrage »

J'avais à cœur de vous partager cet exercice.

Très souvent, on parle d'ancrage.

Cela résonnait peu en moi, peut-être du fait que je suis un signe de terre et chaque fois que l'on me parlait d'ancrage, ma guidance rectifiait et me disait « centrage ».

Je n'avais pas creusé plus loin avant d'avoir cette occasion grâce à une patiente.

Cette dame, avocate, était victime d'agressions sexuelles à son travail. Lors de sa séance, elle me demande comment se protéger ? Je n'ai pas de réponse immédiate, mais un déroulé de l'exercice se présente à moi et est proposé par ma guidance.

Je demande à la personne de se lever pour faire le « test » en direct. Vous le savez, rien ne vaut l'expérience !

L'exercice fait, je lui demande ce qu'elle ressent. Elle me répond : « Plus forte ! » L'ayant fait avec elle, les mots qui me venaient étaient : « Dense et solide ».

Je décide d'en parler à un ami qui mesure le champ énergétique. Il vient avec sa compagne.

J'incarne bien mon signe de la Vierge, pragmatique, logique et rationnel. Alors, j'aime tester et vérifier. Effectivement, quand nous avons fait cet exercice, notre champ énergétique s'est amplifié, multiplié par trois, que ce soit pour lui, sa copine ou moi, mais cela ne me suffit pas à le « valider », car nous sommes trop peu.

Je décide de le proposer, lors des consultations, aux gens qui manquent de confiance en eux, qui ont peur, qui se sentent fragiles..., afin de voir si cela change leur quotidien dans les semaines et mois à venir.

Test validé par plusieurs. Alors, je vous l'offre avec les schémas suivants.

Pour que ce soit simple et facile, j'ai demandé à mon ami Benjamin de faire les schémas par étape afin de bien respecter le processus et que ce soit compréhensible pour tous.

À vous de pratiquer si cela vous intéresse !

Note : chaque fois que vous arriverez au centre, visualisez une spirale (suggestion ci- dessous) afin de donner de l'intensité à votre soleil intérieur. J'appelle cela l'impulsion de vie.

Schéma 1

Vous visualisez le soleil au-dessus de votre tête qui, par un faisceau lumineux, pénètre votre milieu de tête (chakra coronal), longe votre colonne vertébrale pour arriver à votre soleil intérieur (chakra du plexus solaire). Pause pour faire le plein (comme un réservoir d'essence) en actionnant la spirale trois fois.

Schéma 2

L'énergie qui est en vous (mélange du soleil extérieur et du soleil intérieur) a pris de l'intensité et elle descend en longeant votre colonne pour atteindre le creux de la Terre. Visualisez le magma (couleur rouge orangé), ramenez-le vers votre soleil intérieur et arrivé au plexus solaire, vous redonnez trois fois l'impulsion de vie.

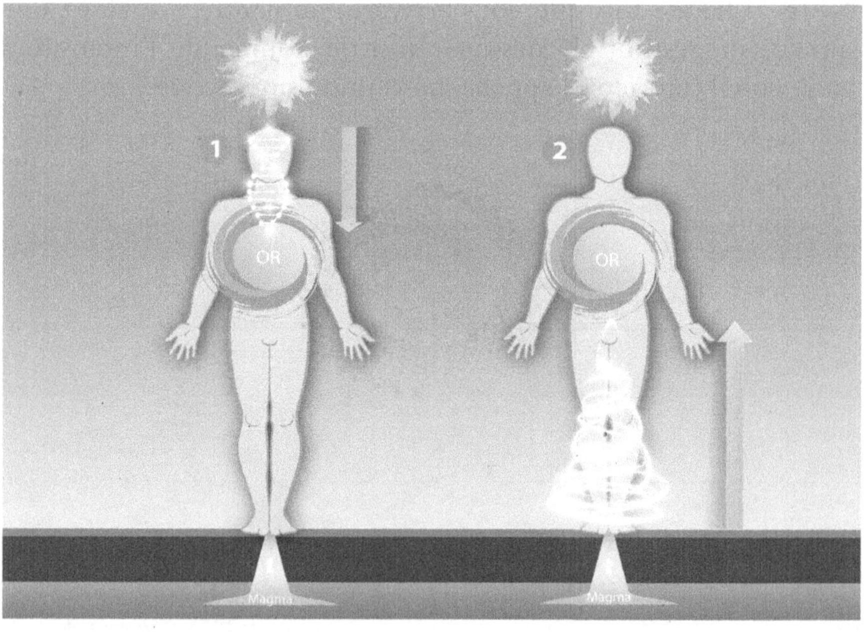

Schéma 3

Vous êtes au centre avec ce mélange en vous (Ciel-Terre : axe vertical) et vous allez chercher l'énergie (l'éther) vers la droite et vous revenez au centre (plexus solaire) en rechargeant votre batterie intérieure avec trois mouvements à l'aide de la spirale.

Schéma 4

Vous repartez du centre et vous allez à nouveau chercher l'énergie (l'éther) vers la gauche puis vous revenez au centre en actionnant trois impulsions dans votre plexus solaire.

Note : si vous préférez commencer par la gauche, c'est votre choix. Ressentez ce qui est juste et bon pour vous.

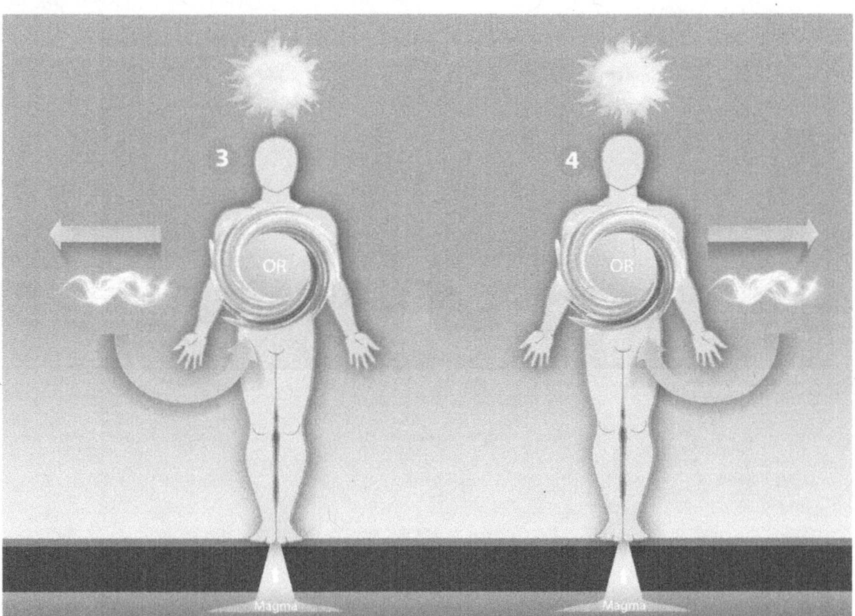

Schéma 5

L'axe vertical (Ciel-Terre) et l'axe horizontal (droite-gauche) se sont joints à l'intérieur de vous avec douze impulsions activées par la spirale. Ainsi, vous déployez un champ énergétique plus large (rayonnement) qui vous permet de créer votre espace de protection (comme une bulle d'énergie qui protège vos corps : physique, éthérique, émotionnel, mental).

La prière

Souvent quand on entend le mot « prière », on l'associe à croyance et/ou religion. Difficile de dissocier la prière de ces deux mots et pourtant, la prière peut être :

- allumer une bougie;
- contemplation;
- des larmes de bonheur;
- des retrouvailles avec soi-même;
- écouter le silence;
- espérance;
- être attentif à l'autre;
- la joie de partager;
- méditation;
- ouvre le secret des cœurs;
- ouvrir les fenêtres de sa conscience;
- ouvrir son cœur à l'invisible;
- s'élever en conscience;
- se confier;
- une attention bienveillante à l'égard de celui qui souffre;
- un bouquet de fleurs que l'on offre;
- un hymne à la vie;
- un instant de grâce;

- un instant de joie;
- un moment de paix;
- un moment de recueillement;
- une parole qui va mettre un baume sur les cœurs;
- un regard, un geste de tendresse, un mot;
- un simple coup de fil à un ami en difficulté;
- un temps de réflexion;
- un voyage intérieur;
- une bénédiction;
- une chanson que l'on fredonne;
- une communion avec soi;
- une conviction profonde d'être entendue;
- une déclaration de foi;
- une demande avec ferveur;
- une intention;
- une introspection;
- une offrande.

La prière est une ode à la vie

1. Espérance

L'espérance alimente l'espoir d'un mieux, comme un réceptacle où tout peut se produire et prendre forme.

On espère le meilleur, mais on scénarise le pire. Ainsi, on se met dans la dualité, car une part de nous souhaite, mais ne se l'accorde pas. Ainsi, l'espérance tombe en désespérance.

C'est à nous de garder et maintenir l'espoir que le meilleur est à venir et en devenir, à nous de le créer et de le matérialiser.

La force de la foi est en lien avec l'espérance qui va nourrir une forme d'émerveillement et susciter le miracle.

Cultiver l'espérance, c'est maintenir un bel et bon état d'esprit dans son quotidien; c'est toujours regarder ce que l'on accomplit de bien. Cela nous invite à continuer afin que la joie grandisse en nous.

Nourrir l'espérance, c'est créer un pont entre le Ciel et la Terre afin que se déversent une pluie de récompenses, une bénédiction que l'on s'octroie et c'est ainsi que le Ciel nous rétribue.

Aide-toi et le Ciel t'aidera! Fais ta part et le Ciel fera la sienne.

Toujours garder FOI en ce que nous sommes et faire grandir l'espérance en nous.

2. Gratitude

La gratitude est un instant où la grâce se manifeste.

Remercier pour ce qui est.

Un instant magique où on établit un lien invisible qui apporte une joie profonde.

Je rends grâce à la vie, à ma vie, je suis en gratitude à cet instant et en me remerciant, je remercie le TOUT.

Je suis l'Unité, je suis le TOUT; je ne fais qu'un avec ce tout.

La gratitude est un remerciement qui dépasse le « merci » habituel.

L'anagramme de « merci » est « crime »; c'est un crime de ne jamais se remercier ni remercier autrui.

Il est d'ailleurs plus facile de remercier les autres que soi-même.

« Merci » d'être devenue ce que je suis, c'est exprimer de la gratitude envers soi-même. « Merci » d'être en cheminement.

La gratitude ramène à l'instant, au présent, comme un cadeau que l'on s'offre ou que l'on offre.

Savoir se remercier pour ce que l'on accomplit chaque jour dans son quotidien, c'est être en gratitude envers soi, c'est être bienveillant et s'accorder de la douceur.

La gratitude, c'est ne rien attendre et accueillir ce que la vie nous propose, c'est tout ! Rendre grâce à la vie, à sa vie.

Gratitude !

3. Respect

Se respecter pour être respecté.

Se respecter, c'est savoir dire NON aux autres pour dire OUI à qui nous sommes. C'est être à l'écoute de soi et de ses besoins profonds.

C'est s'exprimer dans son authenticité.

Il est plus facile de respecter les autres que de se respecter soi. Le non-respect de soi amène le non-respect d'autrui.

À moi d'être vigilant, à l'écoute de mon être, afin de respecter ce que je suis, ma valeur, mon essence, et me faire confiance.

Si je suis juste envers moi-même, tout va s'ajuster autour.

La justesse et la justice envers moi imposent le respect dans une forme de sagesse et non d'autorité.

L'anagramme de « respect » est « spectre » et « sceptre ».

À moi de me reconnaître à ma juste valeur, changer mon spectre (mon angle de vue sur moi-même) pour retrouver mon sceptre (mon pouvoir).

Je me respecte et l'abondance se manifeste.

4. Bienveillance

La bienveillance, c'est être doux envers soi, c'est déposer un baume sur son cœur avec tendresse.

Combien de fois, en une seule journée, sommes-nous dans la maltraitance plutôt que dans la bienveillance envers soi et envers les autres ?

Culturellement, nous sommes souvent tournés vers les autres. Nous allons développer plus de bienveillance envers autrui et sournoisement, nous nous éloignons de nous.

La bienveillance, c'est faire le bien.

L'anagramme de « bien » est « béni ». Alors, à moi de m'apporter cette bénédiction et le Ciel me soutiendra dans ma démarche.

Je me fais du bien. Je veille sur moi et cela va générer le bien autour de moi.

À la fin de votre journée, nommez trois bonnes actions que vous avez faites pour vous ou pour les autres et qui vous ont fait du bien.

Savourez cet instant de douceur comme un baume protecteur, réparateur et enveloppant.

Remerciez-vous de ce que vous avez accompli et à cet instant, vous êtes dans la bienveillance envers vous-même.

5. Attention

L'attention relève de quelque chose de subtil, de délicat, dans un juste équilibre pour ne pas froisser ou empiéter sur le terrain d'autrui.

L'attention peut engendrer des tensions quand elle n'est pas apportée au bon moment.

L'attention est un dosage précis, une action juste, au moment juste qui fait que les deux parties seront touchées au cœur.

L'attention peut être un geste, un sourire, un regard, un message, un appel téléphonique, un cadeau...

L'attention envers l'autre demande de l'observation ou parfois un retrait pour ensuite intervenir au moment opportun.

C'est parfois maintenir un temps de silence pour agir au bon moment, au bon endroit, avec les bonnes personnes.

L'attention demande d'être relié au cœur et non au mental, car parfois la tentation (anagramme de « attention ») peut nous pousser à agir avec maladresse et blesser au lieu d'apporter un baume au cœur.

Une attention est dénuée d'intention; c'est suivre l'élan du cœur, à l'instant « T », agir avec délicatesse et respect de soi et d'autrui.

6. S'aimer

S'aimer est sans aucun doute la chose la plus difficile à réaliser, moins d'être narcissique.

S'aimer, c'est s'apporter de la bienveillance, accueillir ses défauts, accepter ses « travers » et essayer de faire de son mieux pour les corriger.

S'aimer, c'est semer en soi des graines de lumière afin qu'elles grandissent et prospèrent en nous pour mieux aimer son prochain.

S'aimer, c'est s'accueillir sans jugement en respectant qui on est et où on en est.

S'aimer, c'est mettre une dose d'amour et bien souvent d'humour sur les parties sombres de nous-mêmes.

S'aimer, c'est croire en soi et s'engager à ne plus se dissocier, c'est relier le Divin et l'humain afin de ne plus engendrer de séparation ou de souffrance.

S'aimer, c'est s'épouser. S'aimer c'est :

UNIFIER le Ciel et la Terre (verticalité)

UNIFIER le masculin et le féminin (horizontalité)

7. Reliance

La reliance, c'est une connexion avec soi-même.

Être en reliance, c'est se faire confiance, être relié à son essence, à qui nous sommes, en accord avec son cœur et son âme.

Un alignement corps-âme-esprit, une verticalité qui amène la justesse envers soi, la droiture, le respect de soi.

Être en reliance, c'est être centré, au cœur de soi, c'est avoir confiance en qui on est et en nos potentialités.

La reliance amène une certaine paix, car du fait que nous sommes à notre écoute dans une action juste pour soi, nous le sommes aussi pour les autres.

La reliance, c'est établir un lien permanent avec son cœur, comme un fil invisible qui sert de « connexion ».

« Si tu regardes dans ton cœur, jamais tu ne feras d'erreur. »

La reliance, c'est se consulter pour avoir ses propres réponses sans que le mental interfère, c'est s'appuyer sur ce que l'on ressent et non ce que l'on pense.

8. Reconnaissance

Se reconnaître à sa juste valeur : ni trop ni peu.

Souvent, on attend d'être reconnu des autres : son mari, ses enfants, sa famille, ses amis, ses collègues de travail, son patron, mais tant que nous ne nous reconnaissons pas, nous ne pouvons être reconnus.

L'attente fait souffrir et dans cette attente, une part de nous subit.

La reconnaissance, c'est se reconnecter à son essence, c'est faire ou plutôt refaire le lien avec notre partie divine afin de se reconnaître dans sa juste valeur.

Si je suis un diamant et que je me fais croire que je suis un caillou, cela ne fonctionnera pas. Je vais d'ailleurs attirer des gens me disant que je suis un caillou et qui ne verront pas le diamant en moi, car moi-même je ne le vois ou ne le reconnaît pas.

On a une fâcheuse tendance à se dévaloriser : je dévalue mon or intérieur = **déval or isation**. C'est très clair non ?

Je n'ai pas non plus à me surestimer. Une valeur a un indice précis à un moment précis, comme pour la monnaie.

Il n'y a pas d'anagramme parfaite à « Reconnaissance », mais on trouve « Ascensionnera » ; reste la lettre « c » (sait, c'est).

Alors, maintenant que vous le savez, c'est à vous de vous reconnaître pour ascensionner.

9. Vigilance

La vigilance demande de l'attention et de la présence.

Souvent, nous avons tendance à être méfiants plus que vigilants.

La méfiance est associée à la crainte ou la peur de et engendrera une forme de recul qui fait que nous ne sommes pas dans l'authenticité, dans la spontanéité, voire un peu sur la défensive.

Nous sommes méfiants et cela va générer une croyance en nous qui ne sera pas forcément la vérité et nous serons suspicieux.

La vigilance fait plus appel au discernement. À nous de nous faire notre propre opinion avec ce que nous avons vu et/ou entendu, perçu ou ressenti.

Il y a une sorte de constance dans la vigilance, car cela nous demande d'être en permanence reliés à notre cœur, à ses ressentis, à ses intuitions à l'instant «T», comme une forme de discipline sans forcer.

Nous ne pouvons rien anticiper, supposer ou projeter avec la vigilance, car cela demande une action soutenue et attentive qui ramène à l'instant présent, donc à la reliance.

Dès qu'une pensée arrive, la vigilance disparaît et apparaît la méfiance. Soyons vigilants !

10. Foi

La FOI, c'est croire en soi.

La FOI est inébranlable. La foi est force, la foi est l'arme la plus puissante puisqu'elle est Amour et respect de soi.

La FOI, c'est croire 100 % en nos ressentis et ne pas laisser le mental interférer.

La FOI, c'est se faire confiance, aller dans la fluidité d'une évidence. Tout est là en nous et a toujours été là. Nous avons juste été déviés par les croyances.

La FOI, c'est retrouver le chemin de sa verticalité, de sa droiture, de sa vérité.

La FOI, c'est la certitude et la conviction que ce que je ressens est ma vérité puisque je suis « connectée » à moi-même.

La FOI, c'est avoir la confiance totale et absolue que l'Univers œuvre à la perfection.

La FOI, c'est être détachée, ne rien attendre et accueillir ce qui est sans rien vouloir changer.

La FOI amène une joie profonde; elle permet de rayonner, d'émaner, d'être. La FOI, c'est VIVRE, les croyances, c'est survivre.

La FOI, c'est la force de l'intention, la puissance de l'Amour et de la Lumière.

Le jour où je me suis aimé pour de vrai

Discours lu par Charlie Chaplin le jour de ses 70 ans et écrit par Kim et Alison MC Millen.

Le jour où je me suis aimé pour de vrai,
J'ai compris qu'en toutes circonstances,
J'étais à la bonne place, au bon moment.
Et alors, j'ai pu me relaxer.
Aujourd'hui, je sais que cela s'appelle... **l'Estime de soi.**

Le jour où je me suis aimé pour de vrai,
J'ai pu percevoir que mon anxiété et ma souffrance émotionnelle
N'étaient rien d'autre qu'un signal
Lorsque je vais à l'encontre de mes convictions.
Aujourd'hui, je sais que cela s'appelle... **l'Authenticité.**

Le jour où je me suis aimé pour de vrai,
j'ai cessé de vouloir une vie différente
Et j'ai commencé à voir que tout ce qui m'arrive
Contribue à ma croissance personnelle.
Aujourd'hui, je sais que cela s'appelle... **la Maturité.**

Le jour où je me suis aimé pour de vrai,
J'ai commencé à percevoir l'abus
Dans le fait de forcer une situation ou une personne,
Dans le seul but d'obtenir ce que je veux,
Sachant très bien que ni la personne ni moi-même
Ne sommes prêts et que ce n'est pas le moment.
Aujourd'hui, je sais que cela s'appelle... **le Respect.**

Le jour où je me suis aimé pour de vrai,
J'ai commencé à me libérer de tout ce qui n'était pas salutaire,
personnes, situations, tout ce qui baissait mon énergie.
Au début, ma raison appelait cela de l'égoïsme.
Aujourd'hui, je sais que cela s'appelle... **l'Amour propre.**

Le jour où je me suis aimé pour de vrai,
J'ai cessé d'avoir peur du temps libre,
Et j'ai arrêté de faire de grands plans,
J'ai abandonné les mégaprojets du futur.
Aujourd'hui, je fais ce qui est correct, ce que j'aime,
quand cela me plaît et à mon rythme.
Aujourd'hui, je sais que cela s'appelle... **la Simplicité.**

Le jour où je me suis aimé pour de vrai,
J'ai cessé de chercher à avoir toujours raison,
Et je me suis rendu compte de toutes les fois où je me suis trompé.
Aujourd'hui, j'ai découvert... **l'Humilité.**

Le jour où je me suis aimé pour de vrai,
J'ai cessé de revivre le passé,
Et de me préoccuper de l'avenir.
Aujourd'hui, je vis au présent,
Là où toute la vie se passe.
Aujourd'hui, je vis une seule journée à la fois.
Et cela s'appelle... **la Plénitude.**

Le jour où je me suis aimé pour de vrai,
J'ai compris que ma tête pouvait me tromper et me décevoir.
Mais si je la mets au service de mon cœur,
Elle devient une alliée très précieuse !
Tout ceci, c'est... **le Savoir vivre.**

Nous ne devons pas avoir peur de nous confronter. Du chaos naissent les étoiles.

Symbolique du jeu de l'oie

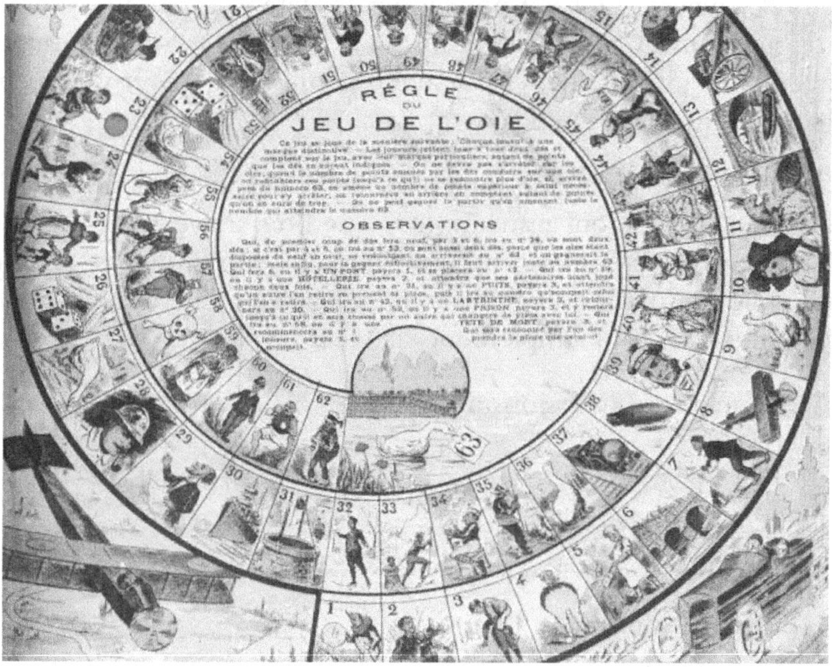

Le jeu de l'oie est un jeu de société où l'on déplace des pions avec l'aide de deux dés. On pourrait dire que c'est un jeu de hasard, enfin s'il existe! Réservé aujourd'hui aux enfants, ce jeu était à l'origine lié au sacré et représentait une trêve, un temps de repos propice aux retrouvailles avec soi, avec d'autres, un moment d'échange et de partage.

Très fortement lié au mythe du labyrinthe de Knossos, construit par Dédale afin que le Minotaure ne puisse s'en échapper, ou au disque de Phaistos, comme un soleil, en Crète, le jeu de l'oie représente un labyrinthe qui fait référence au parcours parfois sinueux de notre chemin. Notre pion avance au gré des vicissitudes de la vie. Le joueur devra faire preuve d'une écoute subtile, « ouïr » – entendre ou s'entendre.

Au départ du jeu, il n'y a pas d'adversité. Comme dans tous les jeux de société, il est fait pour jouer, se détendre, partager à deux ou à plusieurs. On démarre tous de la case « 1 » et on entame un processus d'adversité dans la mesure où l'on devra arriver vainqueur, de préférence, à la case « 63 ».

Ce chemin ou destin se joue avec deux dés et il est impossible de faire « UN », ce qui nous montre que l'on arrive, peut-être, sur Terre dans l'unité, mais que nous devrons expérimenter la dualité « DEUX » durant un certain temps (parcours initiatique), ce que nous appelons tout simplement « la vie ».

Voici quelques expressions liées aux dés :

- Les dés sont jetés;
- Un coup de dé;
- Dieu ne joue pas aux dés;
- Les dés sont pipés.

« Le hasard est un parfait organisateur, on pourrait dire « Dieu » », disait Einstein. Le jeu est composé de 63 cases (**7 X 9**) qui vont nous amener à notre libération.

Le chiffre 7 est connu pour être un chiffre sacré et commun à toutes les religions et traditions; c'est un symbole de sagesse. Les épreuves (l'épreuve = les preuves) de la vie nous amèneront à acquérir une forme de sagesse.

Le chiffre 9 est le dernier chiffre des unités (allant de 0 à 9). Il signe la fin d'un cycle pour aller dans la série des nombres donc dans l'illimité.

Les oies du jeu sont positionnées toutes les neuf cases et si nous tombons sur l'une de ces cases, nous nous « envolons » vers la prochaine. Le parcours devient plus facile, plus léger et moins laborieux. Un aboutissement de notre cycle peut nous permettre de passer au stade suivant.

Les 7 oies sont positionnées toutes les 9 cases : 9-18-27-36-45-54-63.

Le but du jeu est d'atteindre **le centre** du labyrinthe ou de la spirale. Ce centre pourrait représenter notre plexus solaire, notre soleil intérieur, notre rayonnement, l'oie étant liée au soleil. Dans l'Égypte ancienne, l'oie était l'emblème de l'âme.

Pour arriver à atteindre notre centre, c'est-à-dire notre libération (case 63), 6+3 = 9 (fin du cycle), nous allons devoir traverser ou passer des épreuves qui vont soit nous permettre d'aller de l'avant, soit nous faire stagner, soit régresser – que nous croyons. Cela représente bien les aléas de la vie.

Certains passent ces cases sans difficulté et d'autres s'arrêtent sans penser qu'ils ont les ressources pour avancer et accéder à leur propre libération.

Case 6 - Le pont-levis

Il permet de passer un levier d'évolution, un tremplin ou de faire un pas. Il sert de transition, soit nous franchissons un palier, soit nous stagnons. Nous avons tous, à un moment donné de notre vie, un pas à faire. Pour cela, on doit oser.

Soit nous osons ou pas, dans tous les cas, la possibilité d'évoluer nous sera représentée à la case 19. Le pont est un passage (pas-sage). Il relie et permet de passer d'un point A à un point B et pour cela il faut parfois se dépasser.

Case 19 - L'hôtellerie

Cette case nous permet de prendre un temps de repos, de nous restaurer et de dormir, si besoin. Cela peut représenter une phase « digestive », à franchir en conscience avant de passer à autre chose. Il est parfois nécessaire de se poser afin de pouvoir repartir du bon pied. Ce temps peut être propice à une intégration, mais attention à ne pas se reposer sur ses lauriers. Rien n'est acquis.

Case 31 - Le puits

Le puits nous permet soit de nous arrêter et d'aller voir nos zones d'ombre, ce qui va nécessiter d'aller au fond de soi, comme un creuset pour aller extraire un trésor. Le puits peut nous mettre à l'arrêt, car nous pouvons tomber dedans, chuter dans nos profondeurs et dans notre solitude. C'est comme dans une piscine quand on touche le fond on ne peut que remonter. À nous de faire une juste compréhension.

Le puits peut servir à nous abreuver, à nous d'aller puiser dans la connaissance.

Case 42 - Le labyrinthe

Il nous permet de voir si nous tournons en rond (on peut rester bloqué longtemps dans un labyrinthe sans en trouver l'issue et en mourir) ou si la sortie se présente comme une évidence. Le joueur doit trouver sa propre lumière, accéder à ses ressources sinon, il tournera en rond.

Case 52 - La prison

Cette case nous montre nos croyances limitantes, nos liens, nos attaches qui ne nous permettent pas d'être libres. Si nous sommes en prison, c'est que nous sommes prisonniers de nos propres schémas de fonctionnement qui sont en grande partie nos croyances.

Case 58 - La mort

Accepter de mourir pour renaître. S'abandonner à la vie, à sa vie peut nous mener à notre véritable libération. Accepter de s'abandonner, accepter en conscience de mettre un terme à tous ces schémas de fonctionnement qui nuisent à notre évolution et qui nous figent, nous sclérosent, de nous de mettre un terme, un stop pour nous donnerla liberté d'être.

Ces six cases vont nous offrir l'opportunité (aux portes de l'unité) de nous retrouver.

Elles sont six clés de compréhension de nos mécanismes. Ces cases qui semblaient être des épreuves sont, en fait, des expériences de la vie, et non des échecs, nous menant à trouver notre soleil intérieur, notre plein pouvoir. C'est en ce sens que nous trouvons la joie de vivre et d'exister.

Quand nous sommes dans la joie, le rire, notre plexus solaire vibre et se manifeste. D'ailleurs, quand nous rions pendant un certain temps, nous avons mal à cet endroit-là et spontanément, nous posons les mains sur notre « centre » pour nous soulager.

En prenant la première et dernière lettre du mot «joie», cela amène au « JE ». Donc moi, qui suis-je ? Ensuite nous avons le « O » qui représente le tout et le « I », la verticalité, l'alignement, l'unité.

Si je suis dans l'Unité, j'accède au Tout donc je ne peux qu'avoir la joie de vivre.

Le mot «Jeu (je) de l'**Oie**» est aussi lié au verbe « ouïr » que l'on ne conjugue plus de notre temps et qui, à la première personne du présent indicatif donne : j'ois. Il a été remplacé par le verbe « entendre ».

Les oies sont des messagères et si «j'ois», j'entends les messages et je suis à mon écoute.

Être à notre écoute peut nous amener plus vite à notre libération; si nous tombons chaque fois sur la case de l'oie, nous allons plus vite vers notre centre.

Nous employons l'expression « Oyez, oyez, braves gens ! » pour attirer l'attention des autres, pour être écoutés et entendus. Nous retrouvons alors le verbe « ouïr » dans toute sa dimension et ce verbe est associé à un sens, l'ouïe, lié à l'oreille. Ce jeu, en forme de labyrinthe et de spirale, représente bien l'intérieur de l'oreille.

Puisque ce jeu privilégie l'écoute intérieure en marquant des temps de latence, car on doit attendre que chacun joue, des arrêts sont imposés si on tombe dans certaines cases..., les joueurs ont le temps de réfléchir à leur propre parcours et à celui des autres participants.

Nous participons tous au jeu de la vie, à l'évolution de soi et des autres.

Si aujourd'hui seuls les enfants jouent encore au jeu de l'oie, ceux-ci ne sont pas spontanément contents lorsqu'ils tombent sur les cases d'épreuves, car pour eux, c'est un arrêt ou un stop. Ils font souvent preuve d'impatience, et c'est probablement un des nombreux défauts de l'être humain : l'impatience.

Nous voulons toujours aller vite, toujours plus vite, une course à la performance, à qui sera le meilleur. Mais parfois, la vie nous fait tomber dans des cases pour nous stopper et nous dire : « Attention ! » Ce sont des cases de compréhension et d'évolution donc nécessaires à notre évolution.

Accueillons le fait que parfois, nous puissions tomber, mais que nous puissions aussi nous relever pour continuer et avancer sur le chemin. Accepter les arrêts nécessaires à l'écoute de soi, une écoute subtile pour nous faire avancer vers notre vérité, notre verticalité, un retour vers soi.

L'issue du labyrinthe est la libération; elle est pour tous, sans exception.

Anagrammes

Aimer - Marie

Argent - Grenat

Art - Rat

Attention - Tentation

Bancale - Balance

Bien - Béni

Cadeau - Audace

Cerveau - Évacuer

Cœur - Écrou

Crâne - Écran

Création - Réaction

Éternité - Étreinte

Esprit - Tripes

Faculté - Factuel

Image - Magie

Imaginer - Migraine

Obéir - Boire

Ombre - Brome

Ondes - Sondes

Oser - Rose

Peine - Épine

Prier - Périr

Prière - Pierre

Pure - Peur

Rame - Arme - Amer

Redouter - Dérouter

Respect - Spectre - Sceptre

Rien - Nier - Rein

Sacré - César

Semence - Mécènes

Service - Viscère

Source - cœurs - Écrous

Sources - Secours

Suivre - Survie

Trésors - Ressort

Vérité - Éviter

Viager - Rivage - Virage

Langage des oiseaux

Ange - Enjeu - En « je »

Apprentissage - Apprenti sage

Bonheur - Bonne heure

Dégoût - Des goûts

Délivre - Des livres

Dépression - Des pressions

Désespoir -Des espoirs

Douleur - Doux leurre

Ego - Égaux

Envie - En vie

Essentiel - Essence du Ciel

Génie - Je nie

Genou - Je-nous

Guérir - Gai Rire

L'ADN - Las des haines

L'astrologie - l'astre au logis

L'attention - La tension

L'épaule - Les pôles

L'épreuve - Les preuves

L'essence - Les sens

L'imitation - Limitation

L'immunité - L'hymne à l'Unité

La magie - L'âme agit

La matière - L'âme à tiers

La mort - L'âme or

La vie - L'avis

Larme - L'arme

Laurier - L'or y est

Les mots - les maux

Mésange - Mes anges

Message - Mes sages

Néant - Né en

Opportunité - Aux portes de l'Unité

Passage - Pas sage

Personnalité - Personne alitée

Précieux - Près des cieux

Soigner - Soi nié

Soumission - Sous mission

Univers - Unis vers...

Vertige - Vers tige (verticalité)

Vidange - Vie d'ange

Expressions ou Citations liées au corps

Il me prend la **tête**

En mettre sa **tête** à couper

Je ne peux pas le **voir**

J'en ai plein le **dos**

Je l'ai en travers de la **gorge**

Je ne le **sens** pas

Il me sort par les **yeux**

J'ai les épaules larges

Avoir quelqu'un dans le **nez**

J'ai le **cœur** lourd

Tirer les vers du **nez**

Dormir sur ses deux **oreilles**

Rester **bouche** bée

Bouche cousue

N'en faire qu'à sa **tête**

Je vais te tirer les **oreilles**

Se mettre le doigt dans l'œil

Œil pour œil, **dent** pour dent

Avoir la dent dure

Avoir une dent contre quelqu'un
Montrer les dents
Couper les **cheveux** en quatre
Se mettre la **rate** au court-bouillon
J'ai l'**estomac** dans les talons
Ça me fait « chier »
Avoir du coton dans les **oreilles**
Avoir la puce à l'**oreille**
Mon petit **doigt** me l'a dit
S'en mordre les **doigts**
Mettre le **doigt** dans l'engrenage
Obéir au **doigt** et à l'œil
Raccrocher au **nez**
Ça lui pend au bout du **nez**
La moutarde me monte au **nez**
Avoir le **nez** creux
Entre quatre **yeux**
Ne pas avoir froid aux **yeux**
Avoir les **chevilles** qui enflent
Avoir une crise de **foie**
Se faire de la **bile**
Rire à **gorge** déployée
Avoir les **glandes**
Les **bras** m'en tombent
Se tourner les **pouces**
Mettre sa **main** au feu
Ne pas y aller de **main** morte

Avoir la **main** sur le cœur

Avoir la **main** verte

En avoir le **cœur** net

Avoir un **cœur** d'artichaut

Pincement au **cœur**

Prendre aux **tripes**

Querelles **intestines**

La **rate** au court-bouillon

Avoir le couteau sous la **gorge**

Se ronger les **sangs**

Suer **sang** et eau

Se faire un **sang** d'encre

Son **sang** ne fait qu'un tour

Garder son **sang**-froid

Se saigner aux quatre veines

Prendre ses **jambes** à son **cou**

Avoir les **jambes** en coton

Se tirer une balle dans le **pied**

Avoir la peur au **ventre**

Se mettre à plat **ventre** devant quelqu'un

Faire **peau** neuve

À fleur de **peau**

Avoir la **peau** sur les os

Se réduire comme une **peau** de chagrin

Risquer sa **peau**

Rongé jusqu'à l'**os** L'avoir dans l'**os**

Gagner son pain à la sueur de son **front**

Témoignage de Séverine

Ce qui me lie à Marie, à son énergie, date de longtemps. Peut-être même avant que j'en prenne vraiment conscience... Ce lien s'est, en tout cas, concrétisé clairement à mes yeux lorsque ma mère fut gravement malade. Aucun traitement ne la soulageait, aucun traitement ne fonctionnait et vu son état, on pouvait craindre pour sa vie.

Ma mère allait de plus en plus mal, ne pesait plus que 45 kilos... Et comme toutes les mamans du monde, même malade, ma maman m'a répondu : « Sois la première de ta classe et je guérirai. » Alors, le soir, je l'ai prise au mot et avant de dormir, devant mon lit à barreaux, c'est dire combien j'étais encore toute petite, je me suis mise à genoux et j'ai prié Marie pour être première de ma classe.

Il est très important pour moi de préciser que je n'ai pas été élevée dans une famille pratiquant une quelconque religion. Pourquoi ? Parce que mes parents étaient de confessions différentes et pas pratiquants. Tous deux croyaient en quelque chose de plus grand, peu importe le nom que les uns et les autres lui donnaient : Dieu, Divin, Source, Énergie divine, Lumière, Amour... Tous les deux souhaitaient que je grandisse dans la tolérance et que je me sente libre de faire mes propres choix, si choix il y aurait à faire, et ils ont merveilleusement réussi. Gratitude à eux.

Mais revenons à Marie : après cette prière pour ma maman, je me suis couchée...

Je ne sais pas ce qui s'est passé par la suite. Il me manque des souvenirs, comme un arrêt dans le temps. Et puis, un moment très clair et précis me vient, ce moment incroyable où je suis en salle de classe, en 9e B (CE1, je crois), et entends la maîtresse me nommer : « Séverine, première de la classe. Félicitations ! Approche et viens prendre trois livres.» Eh oui ! Nous étions récompensés par des livres lorsque nous avions de bonnes notes. C'était un autre temps...

Je me rappelle encore de la joie que j'ai ressentie lorsque j'ai entendu mon prénom. J'étais donc la première de la classe ! J'étais tellement heureuse, non pas pour les livres, mais parce que j'étais première et que ma prière avait été entendue par Marie. Étant première de la classe, ma maman allait guérir, c'était sûr ! Une joie indicible m'a envahie. À midi, j'ai quitté l'école et suis rentrée à la maison en courant pour aller annoncer de toute conviction, à ma mère, qu'elle allait guérir. Je ne sais plus ce qui s'est passé par la suite. Mes souvenirs sont flous, mais ce qui est sûr, c'est que ma maman a guéri. Les médecins n'ont pas compris comment, du jour au lendemain, son état s'était amélioré. C'était il y a 37 ans et j'ai la joie de toujours avoir maman à mes côtés.

Il me semblait essentiel de partager ce premier « contact » pour que chacun puisse imaginer ce que j'ai pu ressentir avec l'événement que je vais partager maintenant.

Ce que j'ai vécu, je ne l'ai pas cherché, c'est venu à moi. Cela faisait deux ans que j'avais commencé ma carrière de comédienne et qu'elle avançait plutôt bien. Je venais de terminer un cours de théâtre. Il est recommandé aux comédiens(nes) de toujours s'entraîner, jouer, tout comme un musicien qui fait ses gammes avec des notes, nous faisons nos gammes avec les mots. J'avais donc quitté mon cours avec Enrique Morales, professeur de théâtre extraordinaire, devenu par la suite mon mentor, au moment où le téléphone a sonné.

Mon agent artistique de l'époque me demanda de m'asseoir et dit :

– Séverine, où en es-tu de ta connexion avec Marie ?

Je lui ai répondu :

– Toujours aussi connectée, pourquoi ?

– Séverine, assieds-toi parce que je pense que tu ne t'attends pas du tout à ce que je vais te dire.

Je m'assois donc et il me dit :

– Je viens de recevoir l'appel de l'assistante de Robert Hossein qui a vu ton visage quelque part sur Internet et elle souhaiterait te voir pour te faire passer une audition pour le prochain spectacle de Robert Hossein. Mais c'est pas fini, c'est pour son prochain spectacle qui s'appellera ***Une femme nommée Marie***. Séverine... ça serait pour incarner le rôle de la Vierge Marie. Toi qui es toujours obligée de cacher ta taille, sinon on ne te fait pas travailler, sache que c'est justement ta vraie taille qui a attiré l'attention et qui joue en ta faveur.

Effectivement, heureusement que j'étais assise parce que je serai tombée de toute ma hauteur. Je ne peux pas expliquer ce que j'ai ressenti. Ce serait trop fade avec des mots. Une joie indicible m'a enveloppée. Je prends donc la date de l'audition ainsi que l'heure. Après avoir raccroché le téléphone, je demande à Marie de me guider et de m'aider si cela est juste.

Toute la nuit j'ai réfléchi : «Je ne peux pas me présenter pour le rôle de Marie en jeans. Hors de question.»

Le lendemain matin, j'ai pris le métro parisien de la station Sèvres pour aller dans le quartier Barbès, riche en boutiques de tissu. J'ai acheté dix mètres de tissu blanc et j'ai demandé à des ami(e) s les coordonnées d'une couturière qui accepterait de me coudre l'habit que je voyais pour cette audition... et je l'ai trouvée.

Il m'avait semblé important d'avoir des photos incarnant Marie.

J'ai pris mon courage à deux mains et j'ai appelé un ami photographe : Emmanuel Vieilly, en lui demandant de me faire trois ou quatre photos en urgence pour une audition. Je me suis rendue chez lui, dans la foulée, avec une écharpe blanche et une écharpe bleue. Nous avons pris trois photos, juste trois photos.

Quarante-huit heures plus tard, l'habit que j'avais fait coudre était prêt. J'ai retraversé Paris pour aller le récupérer et le même jour, j'ai commencé à apprendre le texte de l'audition. Une semaine plus tard, la date de l'audition était arrivée. On m'avait donné rendez-vous au Théâtre du Petit Saint-Martin, à 11 h. Je suis arrivée avec vingt minutes d'avance. Il y avait une bonne cinquantaine de personnes déjà présentes pour l'audition. Discrètement, je suis allée me changer dans les toilettes. Au départ, j'avais un peu peur du regard des autres et finalement, j'ai lâché prise et j'ai assumé la décision de passer mon audition dans ce costume tout blanc.

Trois ou quatre amis comédien(nes), dont Pierre-Laurent Barneron – celui qui incarnera Jésus dans la pièce – se sont précipités sur moi, les yeux grands ouverts avec des mots encourageants comme « Incroyable ! J'ai l'impression d'avoir la Vierge Marie devant moi ! » ou encore « Ce rôle, c'est toi qui l'auras ! »

Pourtant moi, j'étais pétrifiée et n'étais pas aussi sûre qu'eux de la finalité de ces auditions. C'était, en plus, ma première audition de théâtre. Imaginez...

J'ai alors attendu que l'on m'appelle. Une personne est venue me chercher et je suis rentrée dans une grande salle noire de spectacle, avec juste un spot allumé, dirigé vers le centre de la salle. Il y avait une petite table qui était dans le fond avec trois chaises et une voix rauque s'est fait entendre, celle de Robert Hossein :

– Tu sais que l'habit ne fait pas le moine ?

J'ai hoché la tête, impressionnée d'avoir en face de moi ce grand monsieur. Puis, il a rajouté :

– Mets-toi au centre de la salle, juste en dessous de la lumière et dis ton texte.

J'ai marché tout doucement vers l'endroit qu'il indiquait et j'ai commencé à dire mon texte. Au bout d'une minute, il s'est écrié :

– Arrête-toi ! Arrête-toi ! Arrête-toi !

J'étais liquéfiée, ne sachant pas du tout ce qu'il se passait. S'adressant à Stéphanie, qui était la seconde assistante de ce spectacle, il lui dit :

– Mets-toi à genoux devant elle !

Et à moi :

– Marie, recommence, rejoue ton texte !

Et mes yeux plantés dans ceux de Stéphanie, j'ai rejoué mon texte. Je ne me rappelle pas ce qui s'est passé... Toujours cet instant où le temps s'arrête... Et juste le souvenir du moment où j'étais de nouveau là. Stéphanie à mes genoux, émue, frissonnante et Robert, dont je n'avais jusqu'alors qu'entendu la voix, sortant de l'ombre de la pièce, avec sa canne, les yeux remplis de larmes aussi disant : « C'est ça... C'est ça... »

Je suis sortie remuée de cette audition et je suis allée m'asseoir dans un café, pas très loin, consciente qu'il s'était déroulé quelque chose d'incroyable.

Ce n'est que trois semaines après que j'ai reçu la réponse à mon audition. Je l'avais réussie, j'avais été choisie pour incarner la Vierge Marie le 13 août 2011 dans un lieu que le monde entier connaît : Lourdes.

Et c'est Robert Hossein lui-même qui me l'a annoncé en me faisant venir à la production, m'annonçant en même temps : « Il nous manque la moitié de la somme pour faire le spectacle. Je veux que les gens, les malades qui viennent à Lourdes voient ce spectacle gratuitement. Si nous n'avons pas cette somme d'ici juin, il ne pourra pas se faire.» Puis, il a rajouté : «Tu sais, ce n'est pas moi qui t'ai choisie, c'est Elle. Alors, prie là pour de l'aide, je sais qu'elle t'écoutera.»

Je suis repartie avec un sentiment très ambivalent : l'immense joie d'avoir réussi cette audition me permettant d'incarner Marie et en même temps, la peur que ce spectacle ne se fasse pas par manque d'argent. J'essayais de comprendre «le message» derrière cette expérience. Sans succès.

Alors, j'ai fait ce que je fais dans ces moments-là, je lâche prise et je fais confiance en ce qui est plus Grand que moi. Dès le chemin du retour, je me suis mise à parler à Marie dans mon cœur. Arrivée chez moi, instinctivement, j'ai pris une toile de peinture – je peins pour le plaisir – et j'ai peint en parlant à Marie. J'ai terminé la toile trois semaines plus tard et j'ai pris une photo que j'ai envoyée à Robert, lui disant avoir prié et consacré ma peinture à Marie (voir photo). Il était 14 h; pas de réponse de Robert. Puis, à 18 h, son assistante me téléphone et m'annonce qu'en début d'après-midi, un mécène providentiel avait apporté la somme nécessaire pour que le spectacle se fasse. Nous partirons donc à Lourdes...

Comment ne pas imaginer que ma prière a été une fois de plus entendue ?

Comme à chaque fois que j'ai demandé à Marie quelque chose qui ne m'était pas destiné.

Je ne peux vous dire combien de situations absolument incroyables, combien de signes et de synchronicités j'ai pu vivre durant cette période et après. Jusqu'à aujourd'hui quand j'en parle, j'en ai des frissons. Et pas un jour ne se passe sans que je pense à Robert, au spectacle, aux quatre-vingts comédiens présents. C'était il y a neuf ans, car quatre-vingts comédiens, tout autant techniciens, ont œuvré pendant deux mois à créer un spectacle magnifique.

Le spectacle *Une femme nommée Marie* s'est tenu devant 45 000 personnes à Lourdes et devant plus de 2,5 millions de téléspectateurs, car retransmis en direct à la télévision le 13 août 2011. Chacun et ensemble nous avons contribué. Je ne peux décrire ce que j'ai vécu durant ces deux mois de répétition à Lourdes avec Manon Le Moal qui interprétait Bernadette Soubirous (une merveille de personne qui ressemble comme deux gouttes d'eau à Bernadette) et Pierre-Laurent Barneron (qui incarnait Jésus d'une manière magistrale), ni le jour du spectacle où ce fut une apothéose intérieure pour nous trois.... C'est toujours indicible pour moi.

Quelques minutes après la fin du spectacle, nous nous sommes retrouvés dans la basilique serrés tous les trois les uns contre les autres, entendant les milliers d'applaudissements nous appelant, et nous, incapables de nous décoller, pleurant à chaudes larmes, unis. Des larmes « cathartiques » ? Peut-être... De quoi ? Je ne saurai jamais... Mais ce moment dans les bras de Manon et de Pierre-Laurent restera à jamais gravé dans mon cœur et ma mémoire.

Tout ceci n'était pas un rêve ou mon rêve, c'était réel et nous l'avons vécu ensemble.

Ce spectacle n'a pas changé ma vie de comédienne. Je ne suis pas devenue une super star grâce à lui. Ce n'était ni le propos ni le but. Par contre, ce qui est sûr pour moi c'est que d'avoir incarné la Vierge Marie fut un honneur, un privilège et a changé ma vie, mes perceptions, mon cœur, et cela n'a pas été un long fleuve tranquille.

Par la suite, j'ai vécu de grands chamboulements, d'immenses transformations et d'évolution intérieure et pas forcément des plus confortables, croyez-moi ! Mais l'énergie de Marie ne m'a jamais quittée et m'a guidée vers des personnes absolument extraordinaires qui m'ont aidée à traverser des étapes de vie que l'on ne souhaite à personne.

Depuis mon enfance, j'ai essayé d'expliquer ce lien. Impossible ! Je suis toujours émerveillée des signes qu'elle m'envoie, et je suis toujours émerveillée de son amplitude d'Amour, car je peux être une sale gosse (rires)... le nombre de fois où j'ai coupé « notre » connexion par *ego*, par colère, incompréhension... Une sale gosse, je vous dis !

Un exemple concret :

Lorsque j'ai « coupé » le lien, la connexion, par immense tristesse, colère, désarroi, lorsque l'on m'a annoncé, il y a bientôt trois ans, que je ne pourrai pas avoir d'enfant, la douleur infinie que j'ai ressentie était indescriptible et a duré longtemps. Jusqu'au moment où j'ai « ouvert les yeux » et j'ai réalisé qu'au même moment, je rencontrais l'homme qui partage ma vie avec ses deux filles (sourires :-).

Je ne pouvais avoir meilleur homme à mes côtés à ce moment-là précis, un homme extraordinaire qui m'a accompagnée et m'accompagne encore avec amour et respect dans cette étape si difficile. Je sais aujourd'hui, avec le recul, que Marie a toujours été là. Cet homme-là et moi n'aurions jamais dû nous rencontrer et pourtant...

Je ne suis peut-être pas maman par mon corps, mais grâce à lui, je suis devenue maman par le cœur pour mes deux belles filles – je les aime comme mes propres enfants – ce qui est très rassurant aussi pour leur maman.

Ce n'est que ma perception, mais avoir un lien, une connexion avec Marie (ou une autre figure qui est chère à son cœur, à son âme) n'exempte pas des étapes que chacun(e) a à franchir au cours de cette vie. La seule nuance est de choisir (ou pas) de garder son cœur ouvert (ou de le ré-ouvrir) pour écouter cette petite voix intérieure réconfortante et confiante qui murmure : «Je suis là, je ne te lâche pas la main, tu peux le faire, fais un pas de plus...», et de le faire ce pas, car oui, il est de notre responsabilité de faire ce pas (ou non) en conscience.

Inconfortables, dramatiques ou joyeuses, ces étapes font partie du chemin, elles sont le chemin... vers soi, vers plus grand que soi, et de rester ouvert aux signes et aux synchronicités (rires) aide grandement.

Pour vivre ce lien à Marie, j'ai fait des choix comme de m'affranchir du regard des autres sur ce que je vis et je ressens. J'ai également arrêté de vouloir prouver aux autres que je ne suis pas une allumée (rires). Je suis illuminée de l'intérieur et cela n'est pas pareil du tout (rires).

Cela ne changera peut-être pas le monde, mais cela m'aide et m'encourage à m'améliorer, à devenir une meilleure personne chaque jour avec moi-même et avec les autres. C'est certainement cela le plus important.

Lorsque Cathy m'a demandé de partager ces quelques lignes, j'ai été profondément touchée, pourtant j'ai hésité parce que c'est tellement intime, je suis d'une nature très pudique...

Mon lien à la Vierge Marie est connu de beaucoup, je ne m'en cache pas, mais pas dans les détails que je viens de vous livrer.

Peut-être que le partage de ces mots toucheront, apaiseront, aideront à ouvrir un ou des cœurs (ou à ré-ouvrir les cœurs) d'une ou plusieurs personnes.

Avec le cœur ouvert, tout est possible; alors puissent mes mots contribuer au champ des possibles.

Séverine

Conte

Voici un conte qui date d'avril 2016. Il m'a été livré par mon amie Hélène Myran. On y parle de « couronne » et du retour du Divin, très approprié à ce livre. Pas de hasard que cette couronne se trouve par terre, mêlée à de la poussière et aux feuilles mortes... La particularité de ces contes, c'est qu'ils sont dictés à l'instant présent et la subtilité est qu'ils sont codés. Comprendre leurs sens peut prendre des jours, des mois, des années et peut- être des vies. Merci Hélène, Merci aux Hé-veilleurs.

Si vous êtes intéressé par le travail ou plutôt l'œuvre d'Hélène et des Hé-veilleurs, voici son site : www.heveilleurs.com.

Alors qu'elle venait de se promener dans la campagne, une femme trouva dans la poussière et mêlé aux feuilles, tout simplement un peu d'or. C'était véritablement un bel ouvrage, un ouvrage d'orfèvrerie. La femme regarda cela avec une certaine perplexité. Comment cette couronne d'or avait pu arriver là ?

Aussitôt, la femme la prit dans sa main et sentit ainsi à la fois sa lourdeur, mais aussi sa légèreté. C'était un phénomène étrange *qu'elle venait ainsi de rencontrer et la femme déjà se demandait comment elle avait pu trouver cette couronne mêlée à de la poussière et des feuilles mortes, mais le plus étonnant c'était effectivement la matière de cette couronne, elle était à la fois très lourde et très légère.*

La femme, sans plus attendre, rentra chez elle et montra ainsi ce phénomène à tout le monde. Les gens la regardaient avec surprise et lui disaient : « Mais c'est une belle couronne d'or. Qu'est-ce que tu attends pour la mettre sur ta tête ? »

La femme aussitôt se mit à rire en disant : « Je ne suis point une reine et je n'ai pas besoin d'ornementation; je suis ce que je suis et je veux garder ma simplicité. » Les gens, quand ils prenaient la couronne dans la main, ressentaient effectivement la même lourdeur et la même légèreté. Mais d'où venait ainsi cet étrange objet ?

Évidemment, la première chose que la femme fit, ce fut de chercher le propriétaire de cette magnifique couronne. On imaginait ainsi une belle princesse ou pourquoi pas une reine qui aurait pu égarer cet objet alors qu'elle se promenait dans la forêt ? Mais on avait beau ainsi frapper aux portes des palais et des châteaux, jamais on ne trouva le propriétaire de cette belle couronne.

La femme se dit : « Eh bien voilà, je vais la mettre sur le coin de ma cheminée et chaque jour, je pourrai l'observer. Mais, effectivement, chaque fois qu'elle se levait le matin, le premier regard qu'elle jetait c'était sur cette couronne. Mais elle sentait bien que cette couronne, chaque jour, changeait. C'est comme si elle prenait effectivement de la beauté, mais la beauté ne venait pas de l'or, mais de quelque chose de bien plus précieux. C'était en quelque sorte la lumière que dégageait cette couronne qui était remarquable.

La femme, un jour, prenant la couronne dans sa main sentit que toute lourdeur s'était envolée et qu'à la place et bien effectivement, la couronne était devenue aussi légère qu'une plume et bientôt voilà que cette couronne ne fut plus d'or du tout, mais elle était vraiment que de la lumière.

C'était assez incroyable de voir ce phénomène parce que c'était comme si un rayon de soleil s'était attardé dans la maison de la femme et que petit à petit, eh bien les objets si matériels se transformaient en immatérialité, mais qu'on pouvait quand même saisir.

Et c'est ainsi que la femme comprit qu'elle venait ainsi de rencontrer, en quelque sorte, une œuvre alchimique; c'est comme si simplement, eh bien la matière s'était spiritualisée et que la spiritualité s'était matérialisée et quel phénomène étrange !

Mais la femme ne rechercha jamais d'explication. Ce qu'elle voyait là sous ses propres yeux, cette couronne de lumière, elle en était si ravie et contente que chaque fois qu'elle voyait cette couronne, elle ne pouvait ainsi que rire et se réjouir. N'était-ce pas cela que cette couronne avait ainsi comme propriété ? Elle rendait les gens heureux et tous ceux qui la regardaient ou même ceux qui déposaient cette couronne sur leur tête, non seulement commençaient-ils simplement à changer, mais aussi combien leur amour de la vie devenait grand.

Et c'est ainsi que la femme comprit que le monde avait effectivement la visite du Divin et qu'il ne fallait guère tarder pour aller à la rencontre de Dieu parce que si la couronne était là, peut-être que le propriétaire de la couronne allait bientôt surgir.

Et c'est ainsi que la femme comprit qu'elle en était le meilleur des gardiens puisqu'elle avait gardé dans sa propre demeure la couronne divine et que maintenant, il fallait annoncer à tous que la couronne divine n'avait plus besoin d'orfèvrerie ou d'or matérialisé. C'était simplement de la pure lumière et que pour ceux qui habiteraient à la fois les cieux et la terre, ce serait vraiment désormais et pour toujours la lumière de Dieu.

Ainsi en est-il de même pour vous femme ici présente. Vous savez bien que tout simplement Dieu c'est le Seigneur et celui-ci est couronné. C'est pour cela que la couronne est maintenant sur Terre et vous pouvez ainsi comprendre cela et en comprendre la signification, que si l'objet si rare de Dieu est sur Terre, cela veut dire que Dieu bientôt va venir.

C'est pour ça qu'il faut réjouir votre cœur et être toujours dans la joie parce que l'humanité va connaître de grands bouleversements, mais après ces bouleversements, enfin la joie sera dans tous les cœurs. Alors en ce sens-là, bienvenue à vous dans notre royaume, nous vous bénissons.

Avant de passer aux remerciements, je vous invite à inscrire ci-dessous le mot qui vous vient après lecture de ce manuscrit à l'évocation du mot « « croyance » :

Peut-être que ce sera le même mot qu'au départ, peut-être pas. Il est toujours intéressant de s'observer dans son cheminement.

Parfois les graines que l'on sème poussent rapidement, d'autres un peu plus tard, et certaines restent endormies ou stériles.

Dans la nature, tout est juste. Alors, soyez bienveillant à votre égard avec justesse et justice. Si ce livre vous a fait aimer les mots, alors je suis comblée.

Je vous remercie de m'avoir lue. Prenez soin de vous et des autres. À bientôt dans un ici ou dans un ailleurs...

PAIX ET BONHEUR

Remerciements

Merci à vous qui avez eu ce livre entre vos mains.

Peu importe si vous avez aimé ou non, un jardinier qui sème ses graines en conscience, sans forcer la germination accueille et remercie pour tout ce qui est.

Merci à mon éditeur Alain Williamson et son épouse Marie-Chantal Martineau pour leur confiance et leur amitié fraternelle.

Merci à Benjamin, mon ami, pour la couverture du livre et les schémas qui s'y trouvent. Il a suffi que tu lises les vingt premières pages pour créer l'image d'un phare et sans le savoir, tu avais réalisé ce que j'avais visualisé dans un songe. Belle complicité et beau travail d'équipe.

Merci à tous ceux qui ont été, sont et seront sur mon chemin pour me faire grandir. Merci à ma famille, présente, aimante et bienveillante.

Merci à tous ceux qui veillent sur moi parmi les vivants et les morts.

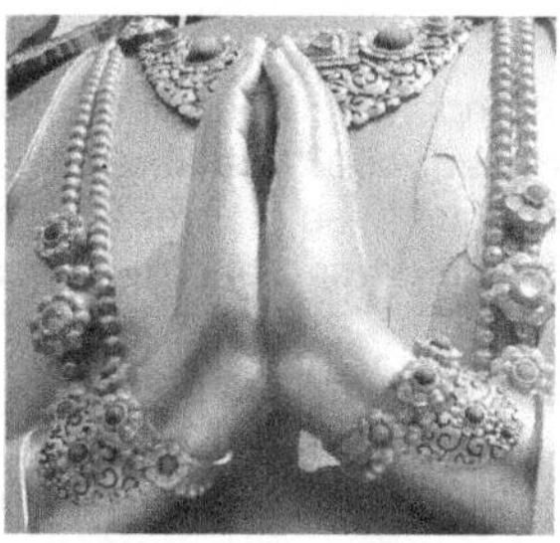

MARQUIS

Québec, Canada

Imprimé sur Rolland Enviro.
Ce papier contient 100% de fibres postconsommation,
est fabriqué avec un procédé sans chlore
et à partir d'énergie biogaz.

100%

PCF

BIO GAZ ÉNERGIE

PERMANENT